周易

◉ 괘효 주영응을 말하다 ……

【◀주역과 만나다▶】

☞ 증산도상생문화총서 030

周易과 만나다4 -괘효, 중용을 말하다-

초판발행 : 2016년 9월 5일 초판 1쇄

글쓴이 : 양재학

펴낸이 : 안경전

펴낸곳 : 상생출판

주소 : 대전광역시 중구 선화서로 29번길 36(선화동)

전화 : 070 -8644 -3156

팩스 : 0303 -0799 -1735

E -mail : sangsaengbooks@sangsaengbooks.co.kr

출판등록 : 2005년 3월 11일(제175호)

ⓒ 2016 상생출판

ISBN 979-11-86122-30-3

ISBN 978 -89 -957399 -1 -4(세트)

周易

④ 괘효, 중용을 말하다

주역과 만나다

양재학 지음

상생출판

프롤로그

인류는 힘든 시기마다 고비를 넘길 수 있는 지혜를 고전에서 배워 왔다. 고전은 심신이 고달픈 자에게 영혼을 맑게 하거나 힘을 불어넣는 옹달샘과 같다. 고전이 고전일 수 있는 까닭은 문명과 역사의 길잡이 역할을 톡톡히 수행했기 때문이다. 읽기 쉬운 고전이 어디 있으랴마는 『주역周易』은 가장 난해한 책 중의 하나로 손꼽힌다.

『주역』은 사서삼경四書三經 가운데 가장 으뜸가는 책이다. 우리나라의 성인 중에서 『주역』을 모르는 사람은 거의 없다. 하지만 『주역』을 제대로 아는 사람은 아주 드물다. 게다가 이 땅에서 출현한 『정역正易』은 전문가들에게조차도 귀에 익지 않은 생소한 고전으로 분류되고 있다. 『주역』이 과거로부터 동양인들의 세계관을 비롯하여 인생관, 가치관을 정립하는 소중한 고전이었다면, 『정역』은 19세기 후반 한국 땅에 혜성같이 등장하여 『주역』을 뛰어넘어 새로운 우주관을 제시한 현대판 고전이라 할 수 있다. 말하자면 『정역』은 선후천론先後天論을 바탕으로 『주역』에 숨겨진 메시지를 새롭게 해석한 희망의 철학이다.

과거부터 동양에서는 '아버지는 나를 낳으시고 어머니는 나를 기르신다[父生母育]'는 말을 소중한 가르침으로 받들어 왔다. 인간과 만물의 부모인 하늘과 땅, 즉 천지부모天地父母를 중심으로 인간의 문제를 진단하고 해결점을 찾고자 했던 것이다. 이러한 가치관이 고스란히 투영된 『주역』은 하늘을 건乾[天], 땅은 곤坤[地]이라고 하여 하늘은 생명을 낳고 땅은 생명을 길러내며, 또한 하늘과 땅의 자녀이자 대행자로 해[日]와 달[月]을 제시하였다. 말하자면 천지는 부모이며, 일월은 천지의 뜻을 대신하여 완수하는 존재로 파악한 것이다.

『주역』은 이러한 천지일월의 위대한 공능을 현실에 구현할 수 있는 존재는 오직 인간이라는 사실을 밝히고, 인간 본성을 바탕으로 삶과 문명의 진화에 대한 당위성을 제공함으로써 불멸의 고전으로 자리잡을 수 있었던 것이다.

이 책은 증산도상생문화연구소의 '동서양 고전읽기' 세미나에서 발표되었던 원고를 새롭게 편집하여 수정 보완한 것이다. 연구소에서 진행된 '고전읽기'는 새로운 관점에서 『주역』을 읽는다는 목적에서 진행되었다. 이 책에서는 『도전』에 등장하는 『주역』 관련 시에 나타난 여덟 개의 괘를 선택하였다.

金屋瓊房視逆旅하고
금 옥 경 방 시 역 려

石門苔壁儉爲師라
석 문 태 벽 검 위 사

絲桐蕉尾誰能解요
사 동 초 미 수 능 해

竹管絃心自不離라
죽 관 현 심 자 불 리

匏落曉星霜可履요
포 락 효 성 상 가 리

^{토 장 춘 류 일 상 수}
土墻春柳日常隨라

^{혁 원 옹 필 유 하 익}
革援瓮畢有何益고

^{목 거 경 우 의 양 이}
木耟耕牛宜養頤라

금집과 구슬방을 여려처럼 보고

돌문과 이끼 낀 벽의 검소한 삶을 본받으라.

사동과 초미(거문고)의 음을 누가 능히 해석하련마는

피리와 거문고 소리는 여전히 어우러지는구나.

별이 지고 샛별이 뜨면 서리를 밟고

흙담장에 늘어진 봄버들은 날로 서로 가까워지네.

마원과 필탁의 일이 무슨 이익이 있겠는가.

나무 보습과 밭갈이 소로 마땅히 기를 것을 기르리라.

(『도전』 5:397:4)

이 시는 각 구의 마지막 단어를 여덟 괘의 명칭에 맞추어 칠언절구
七言絕句의 형식으로 읊은 것이다. 아직까지 이 시는 누가 지었고, 그
뜻이 무엇인가를 알 수 없다. 하지만 56번 화산여괘火山旅卦(䷷), 7
번 지수사괘地水師卦(䷆), 40번 뇌수해괘雷水解卦(䷧), 30번 중화리
괘重火離卦(䷝), 10번 천택리괘天澤履卦(䷉), 17번 택뇌수괘澤雷隨卦
(䷐), 42번 풍뇌익괘風雷益卦(䷩), 27번 산뇌이괘山雷頤卦(䷚)의 순
서로 이루어진 논리적 연관성을 비롯하여 시인의 깊은 뜻을 헤아리
기 위한 최선의 방법은 아무래도 이 여덟 괘의 핵심이 무엇인가를 파
악하는 것이 가장 좋을 것이다. 『주역』에서 말하는 여덟 괘의 내용을
소개하면 다음과 같다.

먼저 여괘旅卦는 나그네[旅]가 여행길에서 얻는 진정한 배움은 이 채로운 풍경에 현혹되는 것이 아니라 세상을 바라보는 새로운 눈을 발견하는 것에 있다는 것을 가르치고 있다. 또한 힘든 나그네 삶일지라도 시간의 정신과 의리를 잊어서는 안 된다고 강조한다. 사괘師卦는 지도자가 인심을 얻고 마음이 곧으면 아무리 험난한 일이 닥치더라도 힘껏 헤쳐나갈 수 있다고 말한다. 해괘解卦는 연못 속에 갇힌 우레가 물 밖으로 나와 모든 것이 한꺼번에 해결된다는 뜻으로 힘들고 괴로운 일을 극복할 수 있다는 용기를 북돋우고 있다. 리괘離卦는 불을 상징하는 밝음[光明]이 주제인데, 임금과 신하가 정도로서 정치에 임할 것을 얘기한다. 리괘履卦는 하늘의 섭리를 기쁜 마음으로 실천해야 한다는 당위성을 언급한다. 수괘隨卦는 윗사람이 아랫사람에게 낮추어야 만백성이 기뻐하고 상하가 조화되는 세상이 구현될 수 있다고 말한다. 익괘益卦는 윗 것을 덜어 아래에 보태면 보태수록 이롭다는 이치를 밝히고 있다. 이괘頤卦는 유형 무형의 생명체를 길러내는 것이 천지가 존재하는 숭고한 목적이라고 설명하고 있다.

천지와 인간과 역사와 문명의 문제를 언급한 64괘 가운데 어느 것 하나 중요하지 않은 것이 없지만, 이 여덟 괘를 바탕으로 『주역』의 메시지를 새롭게 읽어낼 수 있다고 판단하였다. 아무쪼록 이 책을 통해 어렵게만 여겨졌던 『주역』을 이해하는 작은 디딤돌이 되기를 기대한다.

2016. 8. 양재학

차례

프롤로그·· 4

Chapter 1 화산여괘火山旅卦 ································· 14

  1. 여행의 길 : 여괘 ·· 14
  2. 여괘 : 즐기는 여행보다는 마음 챙기는 여행이 최고 ········· 19
  3. 단전 : 힘들고 어려울수록 중용을 지켜야 옳다 ·············· 21
  4. 상전 : 백성을 모시는 통치자가 최고의 리더 ················· 24
  5. 초효 : '나' 자신을 안 다음에 삶의 길을 찾아라·············· 26
  6. 2효 : 재앙의 원인은 지나친 욕심이다 ·························· 27
  7. 3효 : 중용을 벗어난 행동 뒤의 결과에 책임져라 ·········· 29
  8. 4효 : 물질은 마음을 앞설 수 없다 ······························ 30
  9. 5효 : 중용은 큰 것을 얻게 하는 열쇠 ·························· 32
  10. 상효 : 천명을 알지 못하면 집 떠난 새와 같다 ············ 34
  11. 주역에서 정역으로 ·· 38

Chapter 2 지수사괘地水師卦 ································· 44

  1. 세상을 구하는 조직의 규율 : 사괘 ······························ 44
  2. 사괘 : 군율의 생명은 곧음 ·· 47
  3. 단전 : 정도正道로 집단을 움직여야 ···························· 48
  4. 상전 : 포용으로 백성을 보듬어야 ······························ 51
  5. 초효 : 군율의 지엄함 ·· 53
  6. 2효 : 하늘이 사랑하는 지도자 ··································· 54
  7. 3효 : 지도자의 조건 ··· 56
  8. 4효 : 지도자는 상황판단이 빨라야 ····························· 57
  9. 5효 : 중용의 실천 ·· 58
  10. 상효 : 인재등용의 원칙 ·· 60
  11. 주역에서 정역으로 ·· 63

Chapter 3 뇌수해괘雷水解卦 ·················· 70

1. 대립과 갈등의 해소 : 해괘 ·············· 70
2. 해괘 : 어두웠던 시대의 묵은 정신을 털어버려라 ·········· 72
3. 단전 : 자연의 패턴은 갈등의 해소를 지향한다 ·········· 75
4. 상전 : 죄의 댓가를 도덕으로 교화하라 ·········· 77
5. 초효 : 강유의 감응은 천지의 의리[義] ·········· 78
6. 2효 : 중용과 정직으로 소인을 감화시켜라 ·········· 79
7. 3효 : 진리의 경계를 들여다보는 도둑이 되라 ·········· 81
8. 4효 : 해빙 시기에도 소인은 반드시 솎아내야 ·········· 83
9. 5효 : 소인에 대한 감화가 사회기강 확립의 첫걸음 ········ 85
10. 상효 : 소인배와 부정부패의 척결은 단숨에 이뤄야 ······ 86
11. 주역에서 정역으로 ·············· 87

Chapter 4 중화리괘重火離卦 ·················· 94

1. 새로운 질서로의 몸짓 : 리괘 ·········· 94
2. 리괘 : 축판의 세상을 향하여 ·········· 97
3. 단전 : 정음정양의 세계상 ·········· 98
4. 상전 : 대인- 천지의 속살을 드러내는 선각자 ·········· 100
5. 초효 : 천도에 대한 공경심 ·········· 101
6. 2효 : 땅 위에 펼쳐지는 하늘의 뜻 ·········· 102
7. 3효 : 선후천의 변화 ·········· 103
8. 4효 : 공포로 다가오는 대재앙 ·········· 105
9. 5효 : 지도자의 위엄 ·········· 107
10. 상효 : 지도자의 통치- 천하사 ·········· 108
11. 주역에서 정역으로 ·········· 109

Chapter 5 천택리괘天澤履卦 ·············· 114

  1. 예의 바른 행동은 인간됨의 도리 : 리괘 ·············· 114
  2. 리괘 : 예를 실천하여 험난한 인생을 극복하라 ·············· 117
  3. 단전 : 중용, 주체성 확립의 열쇠 ·············· 119
  4. 상전 : 예학은 천지의 이법에 근거를 둔다 ·············· 120
  5. 초효 : 허물과 가식을 벗어 던져라 ·············· 124
  6. 2효 : 명리욕에 휩쓸리지 말라 ·············· 125
  7. 3효 : 교만은 패가망신의 지름길 ·············· 126
  8. 4효 : '길吉'의 조건은 자신을 뒤돌아보는 것에 ·············· 129
  9. 5효 : 어려운 시기일수록 원칙을 존중해야 ·············· 130
  10. 상효 : 예절은 주위를 따뜻하게 만드는 난로 ·············· 131
  11. 주역에서 정역으로 ·············· 134

Chapter 6 택뇌수괘澤雷隨卦 ·············· 138

  1. 진정한 순종의 길 : 수괘 ·············· 138
  2. 수괘 : 시간의 본성과 정신을 알고 따라야 ·············· 141
  3. 단전 : 시간의 질서를 따라 변화하는 것이 역 ·············· 143
  4. 상전 : 隨時는 철을 모르는 사람에 대한 경고 ·············· 147
  5. 초효 : 내면적 가치[正]를 숭상하라 ·············· 148
  6. 2효 : 소인을 멀리하고 군자를 가까이 하라 ·············· 149
  7. 3효 : 정의 지키기가 힘들더라도 불의와 타협 말라! ·············· 150
  8. 4효 : 사람됨은 하늘에 대한 믿음으로부터 ·············· 152
  9. 5효 : 미[嘉]에 대한 믿음[孚]의 종착지는 吉 ·············· 153
  10. 상효 : 하늘의 의지는 오직 불변의 마음을 통해 ·············· 153
  11. 주역에서 정역으로 ·············· 155

Chapter 7 풍뇌익괘風雷益卦 ·················· **160**

　1. 진정한 이로움은 덜어내는 것에 있다 : 익괘 ·········· 160
　2. 익괘 : 인류의 이익을 위해서는 모험이 필요 ·········· 162
　3. 단전 : 천지의 목적은 부족함을 돕는 것에 있다 ·········· 163
　4. 상전 : 소인들이여, 개과천선하라! ·········· 168
　5. 초효 : 가능성을 현실화시킬 수 있는 때를 포착하라! ·········· 172
　6. 2효 : 종교 세계에 들어가는 열쇠는 상제 ·········· 173
　7. 3효 : 믿음[孚]과 중용(中)이 삶의 황금율 ·········· 175
　8. 4효 : 국가의 안정은 상하의 협의에서 비롯된다·········· 177
　9. 5효 : 사랑은 아낌없이 베풀라 ·········· 178
　10. 상효 : 한 번 먹은 마음을 변하지 말라 ·········· 180
　11. 주역에서 정역으로 ·········· 184

Chapter 8 산뇌이괘山雷頤卦 ·················· **188**

　1. 천지의 목적은 생명을 길러냄에 있다 : 이괘 ·········· 188
　2. 이괘 : 천지는 올바름으로 만물을 기른다 ·········· 191
　3. 단전 : 생명을 길러냄이 천지의 존재 이유 ·········· 193
　4. 상전 : 절제된 언행은 군자의 필수 덕목 ·········· 195
　5. 초효 : 욕망의 껍질을 벗어 던져라 ·········· 198
　6. 2효 : 눈치 살피면서 살길 찾는 모습은 궁색하다 ·········· 201
　7. 3효 : 수기修己에 집중하라 ·········· 202
　8. 4효 : 현자에게 정도를 물어 스스로를 단련하라·········· 205
　9. 5효 : 천지의 도리에 순응하는 삶이 군자의 길 ·········· 206
　10. 상효 : 시간의 강[大川]을 건너는 지혜 ·········· 207
　11. 주역에서 정역으로 ·········· 208

찾아보기·················· 213

火山旅卦

인간은 왜 고달픈 삶의 여행을 떠나야 하며, 그 목적지는 어디인가? 누구나 한 번쯤은 어떻게 살아가는 것이 가장 바람직한 인생길인가를 곰씹어 되물을 때가 있다. 날마다 반복되는 인생길에서 마냥 먹고 마시고 즐기는 여행보다는 여유로운 마음을 챙기는 여행이 최고일 것이다. 여괘는 인생 여행에서 가장 중요한 덕목은 올곧은 마음이라고 가르친다.

Chapter 1

화산여괘火山旅卦
인생은 나그네길

1. 여행의 길 : 여괘

정이천程伊川(1033~1107)은 뇌화풍괘雷火豐卦(䷶) 다음에 화산여

괘火山旅卦(䷷)가 오는 이유를 다음과 같이 말한다.

여 서괘 풍 대야 궁대자 필실기거
旅는 序卦에 豊은 大也니 窮大者는 必失其居라

고 수지이여 풍성 지어궁극
故受之以旅라하니라 **豊盛이 至於窮極**이면

즉 필실기소안 여소이차풍야
則必失其所安이니 **旅所以次豊也**라

위괘리상간하 산 지이불천
爲卦離上艮下하니 **山은 止而不遷**하고

화 행이불거 위거불처지상
火는 行而不居하여 **違去不處之象**이라

^{고 위 여 야}　^{우 리 호 외}　^{역 여 지 상}
故爲旅也요 又麗乎外는 亦旅之象이라

여는 「서괘전」에 '풍은 큼이니, 큼을 지극히 크게 한 자는 반드시 거처를 잃는다. 그러므로 여괘로 이어받았다'고 하였다. 풍성함이 궁극함에 이르면 반드시 편안한 바를 잃으니, 이런 까닭에 여괘가 풍괘의 다음이 된 것이다. 괘의 형성은 리가 위에 있고 간이 아래에 있으니, 산은 멈추어 옮기지 않고 불은 움직여 머물지 아니하여 떠나가서 거처하지 않는 모습이다. 그러므로 여괘가 되었다. 또한 밖에 걸려 있음은 또한 나그네의 모습이다.

뇌화풍괘를 180° 뒤집어엎으면 화산여괘가 된다. 풍성함이 극도에 달하면 흩어진다[物極必反]는 이치가 괘의 배열에 담겨 있다. 여괘의 구성은 위가 불[離:☲]이고, 아래는 산[艮:☶]이다. 산 위에 불이 있는 형상이다. 산은 고정된 반면에 불은 이리저리 옮겨 다닌다. 산이 움직이지 않는 집이라면, 불은 집을 떠나 이곳저곳으로 돌아다니는 나그네와 같다. 산은 굳건하게 자기 자리를 지키고 있으나, 자주 이동하는 불은 위험하다. 여괘는 시간의 파도를 타면서 묘기 부리는 길손인 인간은 어떻게 삶을 살아야 하는가의 물음을 던지고 있다.

'여旅'는 미지의 곳을 찾아 떠나는 여행을 뜻한다.[1] 집을 떠나 새로운 세상을 찾아나서는 여행은 가슴 설레는 일이다. 옛 사람들은 자연을 벗 삼아 머리를 식히면서 잠시 세속 일을 잊고 재충전을 했다. 여행을 통해 새롭게 태어난 성인은 수두룩하다. 예수는 거친 광야에서, 석

---

1 HUA-CHING NI , 『*THE BOOK OF CHANGES AND THE UNCHANGING TRUTH*』(Santa Monica: Sevenstar, 1999), p.553. 예화청倪化淸은 화산여괘의 주제를 '여행traveling'이라 했다.

가는 인도의 뜨거운 햇빛을 온몸으로 견디면서 수행하여 마침내 부처로 거듭 태어났으며, 공자는 천하를 여행하면서 이상적인 정치를 실현하고자 노력했다.

오늘도 꿈을 키우기 위해서 젊은이들은 해외로 쏟아져나간다. 세계는 넓고 갈 곳은 수없이 많다. 여행가들은 여행에 등급 매기기를 좋아한다. 경치를 보러가는 것, 문물관광, 낯선 사람과 만나 교류하는 순서로 등급을 매긴다. 하지만 새로운 세상을 경험하면서 진리와 인생이 무엇인가를 되새겨보는 보는 여행에 가장 높은 점수를 줄 수 있다. 인간은 여행을 통해 자신을 발견하는 기회를 갖는다는 점에서 매우 유익하다.

그럼에도 단순 목적의 맛여행, 쇼핑여행, 골프여행 등으로 공항은 하루종일 북새통을 이루는 것이 요즘의 풍속도라 매우 안타깝다. 인터넷에는 수많은 여행사들이 각종 여행상품을 소개하면서 손님을 부르고 있다. 하지만 돈 한 푼 없이 떠도는 무전여행이 가장 스릴 넘친다. 온갖 고난과 애피소드가 가미된 여행이야말로 세상과 소통하는 진정한 여행 방법이다. 우리 한국인이 자랑할 만한 고전이 있다. 괴테의 『이탈리아기행』을 능가하는 것으로 평가받는 박지원의 『열하일기熱河日記』가 바로 그것이다. 그것은 온갖 고초를 겪으면서 청나라의 눈부신 문명을 목격하고 화려한 문체로 기록한 여행담이다.[2]

---

2 『열하일기』에 대한 새로운 지평을 연 책이 있어 소개한다. 고미숙, 『열하일기』(웃음과 역설의 유쾌한 시공간), 서울: 그린비, 2006, 17-30쪽 참조. "『열하일기』는 여행의 기록이지만 강렬한 '액션'의 흐름으로 이질적인 대상들과의 '전한' 접속이고, 침묵하고 있던 사물들이 살아 움직이는 발견의 현장이며, 새로운 담론이 펼쳐지는 경이의 장이다. 멜로디의 수많은 변주가 일어나는 텍스트, 그것이 『열

여권 하나 달랑 손에 쥐고 쾌락을 좇아 환락가를 헤매는 여행은 천박하기 짝이 없다. 천천히 산책하면서 천지와 무언의 대화를 나누는 여행이 최고다. 천지는 무엇이고, 나는 누구인가를 뒤돌아보았던 조상들의 맛깔난 나들이는 멋진 유산이다. 선인들은 곧잘 인생은 지상으로 잠시 소풍나왔다가 다시 하늘고향으로 돌아가는 여행길[旅路]이라고 표현했다. 한국 불교의 대들보인 진묵대사震黙大師(1562~1633)의 유명한 게송偈頌에는 하늘과 땅을 가슴에 품은 드넓은 기개와 깨달음의 혼이 서려 있다.

천 금 지 석 산 위 침
天衾地席山爲枕
월 촉 운 병 해 작 준
月燭雲屏海作樽
대 취 거 연 잉 기 무
大醉居然仍起舞
각 혐 장 삼 괘 곤 륜
却嫌長衫掛崑崙

하늘 이불, 땅 자리, 산 베개
달 촛불, 구름 병풍, 바다를 술동이 삼아
크게 취하여 살포시 일어나 더덩실 춤추노라니
긴 소맷자락 곤륜산에 걸릴까 저어하노라

옛 노래에 '노세노세 젊어노세'란 말이 있다. 오는 세월은 천하장사도 막을 수 없고, 백일 동안 지지 않고 피는 꽃은 어디에도 없다. 세상과 자신을 원망하면서 지팡이 하나를 재산삼아 동가식서가숙했던 떠돌이 시인 김병연金炳淵(1807~1863)에 얽힌 얘기가 있다. 엄동설한의

하일기』다."

아침, 눈 속에 삿갓 하나 받치고 동쪽에서 불끈 솟는 해를 바라보며 다시 길 찾아 떠나는 나그네 신세를 읊은 내용이다.

천 황 붕 호 인 황 붕
天皇崩乎人皇崩
만 수 청 산 개 피 복
万樹青山皆被服
명 일 약 사 양 래 조
明日若使陽來弔
가 가 담 전 루 적 적
家家擔前淚滴滴

천황이 돌아가셨느냐, 인황이 돌아가셨느냐
온갖 나무들과 청산들이 모두 흰 상복을 입었네
날이 밝아 태양이 문상을 오자
집집마다 처마끝에 눈물이 뚝뚝 떨어지는구나

김삿갓은 들판과 바위와 냇가와 산 등, 온 세상이 흰눈을 뒤집어쓴 모습을 '상복'이라고 형용하였다. 그리고 태양은 천황이 돌아가셨다는 부고장을 속도 빠른 이메일로 받고서는 햇빛으로 부조금을 대신했다. 차가웠던 눈은 햇빛을 받자마자 아뜨거라 하면서 녹아내린다. 태양은 말없이 문상을 하거만, 애꿎게도 겨울의 비서실장인 고드름이 녹아 눈물을 흘리면서 꾸벅꾸벅 절한다고 천재적 재기를 마음껏 발휘했던 것이다.

여행을 즐겼던 유명인사들의 체험담은 젊은이들의 꿈을 살찌우고 있다.

"인간에게 정처없이 떠도는 것처럼 고통스러운 것은 없다."(호메로스/오디세이)

"여행은 인간을 겸허하게 만든다. 세상에서 인간이 차지하고 있는 입장이 얼마나 하찮은 가를 두고두고 깨닫게 하기 때문이다." (플로베르/서간집)

"참된 여행자에게는 항상 방랑하는 즐거움, 모험심과 탐험에 대한 유혹이 있게 마련이다. 여행한다는 것은 방랑한다는 뜻이고, 방랑이 아닌 것은 여행이라고 할 수 없다."(임어당)

"여행량旅行量은 인생량人生量이다."(오소백/단상)

"객수客愁란 말이 있듯이 동양인의 여행은 곧 고향을 못 잊어 하는 시름이며, 생활에서의 추방을 뜻하는 외로움이다." (이어령/이것이 오늘의 세대다)

"세계는 나의 학교, 여행이라는 과정에서 나는 수없는 신기로운 일을 배우는 유쾌한 소학생이다."[3]

2. 여괘 : 즐기는 여행보다는 마음 챙기는 여행이 최고

$$\text{*}\ 旅_{\text{는}}\ 小亨_{\text{코}}\ 旅貞_{\text{하여}}\ 吉_{\text{하니라}}$$

여는 조금 형통하고, 나그네는 올바르게 해야 길하다.

산에 불이 나면 등산객은 살 길을 찾느라 분주하듯이, 집 떠난 길손은 고생이 몸에 뱄다. 길 닿는 대로 걷는 나그네의 삶은 언제나 불안정하고 주변의 낯선 환경과 씨름해야 하는 고달픈 인생사다. 여괘는 나그네의 삶에 비유하여 인간사를 얘기하고 있다. 오죽하면 "인생은 나그네길"이라는 노래가 가슴에 와 닿겠는가.

---

3 (김기림/태양의 풍속) 이어령 편저, 『문장백과대사전』(서울: 금성출판사, 1988), 1325-1328쪽

일본의 마쓰오 바쇼松尾芭蕉(1644~1697)는 삶과 죽음, 의미와 무의미는 생명의 공존 차원으로 엮여 있다고 인식한 시인 나그네였다. 그는 여행길인 오사카에서 숨을 거뒀다. 아예 죽기를 각오하고 집을 나선 러시아의 톨스토이나 미국의 에드거 엘런 포, 여행을 거처居處로 삼던 김삿갓과 바쇼, 또한 중국의 시인 이백, 그리고 오갈 데 없는 두보는 눈 내리는 겨울, 배 안에서 숨을 거두고 말았다. 말 그대로 여즉인생旅卽人生이다.[4]

나그네는 홈 팬들의 응원 없이 시합하는 야구선수와 같다. 어웨이 게임하는 선수는 외롭고 고독하다. 어웨이 시합에서 무승부면 본전인 것처럼, 나그네는 단지 숙식만 보장되면 무난하여 조금은 형통한다[旅, 小亨]. 나그네는 집을 떠나 떠돌이 생활을 하기 때문에 크게 형통할 수 없다. 배고프고 춥다고 남의 집에 들어가 음식과 옷을 훔친다면 도둑이다. 세상을 조롱했던 김삿갓이 쉰 밥을 얻어먹고 얼마나 곤욕 치렀던가를 보더라도 나그네 신세는 늘 처량하다.

남의 집 처마 밑에서 소나기를 피하는 나그네는 서글프다. 휘영청 밝은 달이 떠오른 날에는 처자식 생각에 눈물이 앞을 가린다. 붙박이 삶이 사무치게 그립다. 유랑하는 나그네의 타향살이는 날마다 끼니 걱정과 잠자리 타령이 끊이지 않는다. 빌어 먹는 처지에 음식타령을 할 수도 없다. 그렇다고 나쁜 짓을 일삼거나 함부로 몸을 굴려서도 안 된다.

인생은 나그네 길이다. 어디서 왔다가 어디로 가는지조차 모르는 벌거숭이다. 빈손으로 왔다가 빈손으로 돌아간다. 강물이 흘러가듯 소

---

4 맹난자, 『주역에게 길을 묻다』(서울: 연암서가, 2013), 286-297쪽 참조.

리 없이 무덤으로 향하는 게 인생살이다. 객지에 나서면 행동 하나하나가 서툴 수밖에 없다. 때로는 이국적 풍경에 푹 빠져 정신이 해이질 수도 있으나, 현실은 언제나 냉혹하다. 먹고 자고 싸는 것이 늘 걱정이다. 그렇다고 지켜야 할 도리를 저버려서는 안 된다. 최소한의 도리는 지켜야 옳다.

보금자리를 떠나 걷고 걷는 여로는 매우 고달프고 힘겹다. 튼튼한 다리 하나가 전 재산이다. 정든 집과 가족을 떠나 남에게 의지하면서 살아가는 삶은 늘 일정하지 않다. 향수병에 젖어도 돌아가 쉴 곳이 없어 막막하다. 불규칙한 생활에 익숙해지면 원칙은 불편하게 느끼기 마련이다. 원칙이 무너지면 도덕의식이 마비되기 쉽다. 괘사는 여행자에게 올바른 행위가 필요하듯이, 일반인 역시 올곧은[貞] 마음이 중요하다고 강조한다.

☞ 인생 여행에서 가장 중요한 덕목은 올곧은 마음이다.

3. 단전 : 힘들고 어려울수록 중용을 지켜야 옳다

* 단왈 여소형 유득중호외이순호강
  彖曰 旅小亨은 **柔得中乎外而順乎剛**하고
  지이리호명
  止而麗乎明이라

  시 이 소 형 여 정 길 야   여 지 시 의 대 의 재
  是以小亨旅貞吉也니 **旅之時義大矣哉**라

단전에 이르기를 '여는 조금 형통함'은 유가 바깥에서 중을 얻어

강에 순응하고, 그치고 밝은 데에 걸림이다. 그리하여 '조금 형통하고 나그네는 올바르게 해야 길하므로' 여괘에 나타난 시간의 정신과 의의가 위대하도다.

여행객의 필수품은 외환카드가 아니라 겸손과 정직한 마음이다. 세상이 좁다고 카드를 마구 긁으면서 쏘다니는 것은 소모적인 낭비일 뿐이다. 여괘는 '조금은 형통한다'는 단서를 붙인다. 타지에 나가서는 으스대지 말고 몸을 낮추어야 한다는 뜻이다. 단순히 텃세가 무서워서가 아니라, 그 지역의 정서에 따라야 하기 때문이다.

여괘에서 5효는 유순한 중정을 갖추어 밖으로 4효와 상효의 강건한 힘에 순응하는 덕성을 발휘하는 것을 말한다. 여괘의 주인공은 5효다. 음이 비록 양자리에 있으나, 상괘의 중도를 얻어 부드러운 것이 굳센 것에 순응하는 원칙을 지키고 있다[柔得中乎外而順乎剛]. 순응은 종속이 아니다. 종속이 노예관계라면, 순응은 음양이 서로를 필요한 존재로 여기는 감응의 관계다. 굳센 것이 존재하지 않는다면, 부드러운 것 역시 존재할 수 없다. 부드러움은 결코 절대 약자가 아니며, 굳셈 또한 절대적 강자가 아니다. 이 둘은 조화를 이루는 존재근거이다. 따라서 부드러움과 굳셈[剛柔]은 영원한 타자가 아니라 역동적 균형을 이루는 조화의 파트너인 것이다.

나그네의 행동 지침은 묵중한 처신과 밝은 마음가짐이다[止而麗乎明]. 나그네는 안으로 산처럼 듬직한 태도, 밖으로는 불처럼 밝고 지혜롭게 처신해야 조금은 형통하여 길할 수 있다. 가벼운 언동은 상대방의 자존심을 무너뜨려 신체의 위협으로 되돌아올 수 있다. 여행에서 제멋대로 행동하는 것은 금물이다. 특히 해외여행에서는 그 나라의 문화와 법을 존중해야 한다. 관광수입으로 먹고사는 타국의 법령을 무시한다면 외교적인 마찰을 일으켜 추방당하기 쉽다.

나그네는 떠돌이 인생이다. 하염없이 객지를 떠도는 처량한 신세일 망정 스스로 망가져서는 안 된다. 힘들고 어려운 때일수록 분수를 지켜야 한다. 그것을 지탱해주는 유일한 지침이 바로 중용이며 시간의 정신이다.

이런 이유에서 여괘는 시간의식을 핵심으로 내세우고 있다.

> "중은 한 가지 법칙이 아니라, 나그네에게는 나그네의 중도가 있는 것이다. 멈춤이 밝음에 걸려 있으면 때의 마땅함을 잃지 않으니, 그런 뒤에야 나그네에 처하는 도를 얻게 된다. 천하의 일은 때(시간)에 따라 각각 그 마땅함에 맞게 해야 하는데, '여'는 대처하기가 어려우므로 그 때와 의리가 크다고 말한 것이다."[5]

시간은 인생의 여행 가이드이다. 시간 가이드의 안내에 따라 인간은 각자의 여로를 떠나는 승객이다. 승객이 시간 가이드의 안내에 벗어난 여행길로 접어들면 길을 잃는다. 종교에서는 여행 시간표를 잃어버리면 지옥의 문턱에 들어선다고 경고한다. 『주역』은 이 차안此岸에서 때(시간)의 정신에 어긋난 행위는 중용을 망각하는 생활로 간주한다. 차안에서 허비했던 도덕과 시간이 피안에서 구제될 수 있다는 내세 중심의 사유는 찾을 수 없다. 그만큼 현실 중심의 시간관이 반영되

---

5 『역정전』, "中非一揆니 旅有旅之中也라 止麗於明이면 則不失時宜하리니 然後에 得處旅之道라 天下之事當隨時各適其宜로되 而旅爲難處라 故로 稱其時義之大하니라"

어 있다.

> ☞ 인생사의 험난함을 극복할 수 있는 최상의 지침은 시간
> 의 본성의 안내를 받아 중용을 실천하는 것에 있다.

4. 상전 : 백성을 모시는 통치자가 최고의 리더

★ 象曰 山上有火旅니 君子以하여
明慎用刑하며 而不留獄하나니라

상전에 이르기를 산 위에 불이 있는 것이 여이다. 군자는 이를 본
받아 형벌을 밝게 신중하게 하며, 감옥에 계속 가두는 것을 없게
한다.

산 위에 불이 있는 것이 '여괘'의 외형적 의미이다. 산불은 잘 옮겨
붙는다. 산불이 한곳에 오래 머물지 않는 모습은 나그네가 일정한 거
처 없이 자주 옮겨 다니는 것과 흡사하다. 군자는 이러한 이치를 깨달
아 형벌의 경중을 밝게 헤아리고, 그 집행에는 신중에 신중을 거듭해
야 한다는 것이다. 처벌할 자는 곧바로 처벌하고, 용서할 자는 곧바로
방면하여 재판을 질질 끌지 않는다.

재판은 환한 불처럼 밝게 하고, 형벌은 산처럼 엄중히 한다. 피의자
를 감옥에 오랫동안 가둬놓고 재판을 고의로 지연시켜서는 안 된다.
나그네는 돈과 힘이 없는 약자다. 약자에게 불리하도록 구류기간을

연장한다면, 민생을 외면한 고무줄 재판으로 오해받을 수 있다. 증거가 불충분한 피의자를 단지 의심간다는 심증 하나만으로 풀어주지 않는 것은 합당하지 않다.

「상전」은 괘의 구성을 바탕으로 인간의 행위규범을 도출한다. '明愼用刑(명신용형)'은 환한 불꽃을 상징하는 리괘離卦(☲)의 이치에서, '不留獄(불류옥)'은 멈춤을 상징하는 간괘艮卦(☶)의 이치에 근거하여 신속한 재판과 신체 구속의 신중성을 제시했다. 백성을 법정 근처에서 오래 머물지 않도록 하는 것이 민생의 첨경이다. 나그네 인생을 죄인 다루듯이 해서는 안 된다는 가르침이다. 백성은 한없는 모심의 대상 또는 통치의 대상만은 아니다. 모심과 통제를 적절하게 조정할 수 있으면 성공한 통치자가 되고도 남을 것이다.

중국 황제의 권력은 사람을 살릴 수도 죽일 수도 있다. 황제는 조정의 관료들이 저지른 행정상의 실수들은 바로잡을 수 있지만 이미 처형된 죄인들은 결코 되살릴 수 없다는 사실을 알고 있었다. 때로는 본보기로 죄인을 처형함으로써 나머지 사람들이 도덕심을 함양하도록 고무시킬 수 있다는 것도 알고 있다.

강희제康熙帝(1654~1722)는 여괘를 읽고 감탄했다. "산의 고요함이란 형벌을 내릴 때 신중해야 함을 의미한다. 초목에 붙은 불이 급속히 번지듯이, 긴급을 요하는 소송사건을 신속하게 처리해야 한다. 나는 이 부분을 읽으면서 통치자는 형벌을 사용하는데 정확하고 신중해야 할 필요가 있다고 생각하였다. 통치자의 의도는 앞으로는 더 이상 형

벌을 가하는 일이 없게 하기 위해서 지금 형벌을 내리는 것이다."[6] 그
는 당시의 불가피한 형벌이 마지막 형벌이라 인식하고 최대한 삼갔다.
강희제는 결코 『주역』에 싫증내지 않았으며, 예언서 또는 도덕적 원
리를 제공하는 근원으로 활용하여 『주역』을 평생 손에서 떼지 않았
다고 전한다.

> ☞ 사회 지도층은 형벌의 경중을 밝게 헤아리고, 형벌의 집
> 행은 신중에 신중을 거듭해야 옳다.

5. 초효 : '나' 자신을 안 다음에 삶의 길을 찾아라

★ 初六은 旅瑣瑣니 斯其所取災니라
초 육　　여 쇄 쇄　　사 기 소 취 재

象曰 旅瑣瑣는 志窮하여 災也라
상 왈　여 쇄 쇄　지 궁　재 야

초육은 나그네가 옹졸하고 행색이 초라하니, 재앙을 불러들임이
다. 상전에 이르기를 '나그네가 옹졸하고 행색이 초라함'은 뜻이
궁색하여 재앙이다.

'쇄쇄瑣瑣'는 자질구레하고, 좀스럽고 째째한 좀생이 모양을 뜻한
다. 초효는 음이 양자리에 있고[不正], 중용에 미치지 못한다. 초효는
여행의 출발점으로서 성격이 나약하고 식견이 좁은 나그네를 상징한
다. 사전 준비도 전혀 없고, 얄팍한 속셈으로 여행길에 나서면 재앙을

---

6 조너선 스펜스/이준갑, 『강희제』(서울: 이산, 2001), 79쪽 참조.

스스로 불러들일 수밖에 없다.

초효는 나그네가 사랑하는 가족과 헤어져 옹색한 보따리를 짊어지고 문전걸식하면서 터덜터덜 나서는 꼴이다. 거지 행색에 때 자국이 선명한 바가지 하나만 들고 떠돌면 행려병자로 오인한 사람들에게 돌팔매 맞고 곤욕을 치를 수도 있다. 사람은 어디를 가나 대범하게 처신해야 함에도 불구하고 눈앞의 이익을 쫓는다면 경멸당하기 십상이다.

겉모습이 후줄근한 나그네가 되고 싶어 하는 사람은 아무도 없다. 특히 나그네의 마음 쓰임새가 좀스럽고, 그 뜻이 옹색하면 되는 일이 하나도 없다. 초효는 4효와 감응하지만, 4효는 초효에게 신경 쓸 겨를이 없다. 양이 음자리에 있고[不正], 불길이 이리저리 옮기는 형국인 까닭에 스스로 단속하지 못하여 파트너에게 도움줄 처지가 아니기 때문이다. 초효는 실망하여 더욱 초라해질 수밖에 없다. 이는 대세의 흐름에서 벗어나지 말라는 가르침이다.

> ☞ 나는 누구이고 지금은 어디에 있는가를 아는 것이 중요하다.

6. 2효 : 재앙의 원인은 지나친 욕심이다

^{육 이} ^{여 즉 차} ^{회 기 자} ^{득 동 복 정}
* 六二는 旅卽次하여 懷其資하고 得童僕貞이로다

^{상 왈} ^{득 동 복 정} ^{종 무 우 야}
象曰 得童僕貞은 終无尤也리라

육이는 나그네가 여관에 들어가 노자돈을 품고 어린 종의 올바름을 얻도다. 상전에 이르기를 '어린 종의 올바름을 얻음'은 마침내 허물이 없을 것이다.

'차次'는 나그네가 하룻밤 묵는 여인숙, '즉卽'은 머물다, '자資'는 여비, '복僕'은 하인을 뜻하는 글자다. 나그네가 포근한 여관방에 머물면서 주머니가 두둑할 정도의 노자돈이 생기고, 심지어 서비스가 만점인 어린 심부름꾼까지 얻었다는 것은 올바르게 처신했기 때문에 생긴 행운이다.

2효는 음이 음자리에 있고, 하괘의 중용[中正]으로서 여괘의 여섯 효 중에서 가장 좋은 내용을 이룬다. 쌓인 여독을 풀 수 있는 여인숙에 들어간 나그네에게 의외의 여비까지 생겼으니 마음이 편안하고, 벨보이의 정성어린 룸 서비스까지 받으니 한결 푸근하다. 맛있는 음식과 따뜻한 목욕물, 잠시 동안은 돈 걱정할 필요가 없는 든든한 지갑과 하인의 친절한 안내는 길손의 피로를 한꺼번에 날려버린다.

독일 속담에 "나그네에게 가장 무거운 짐은 속인 빈 지갑이다"라는 말이 있다. 또한 "남자는 여행하다가 곤란에 부딪치면 돈주머니 속을 들여다보고 여자는 거울을 들여다본다"는 말이 있듯이, 지갑을 가득 채운 여비는 나그네로 하여금 잠깐 동안 부자로 만든다. 멋진 호텔에 묵는 길손이 체크카드와 룸 서비스에 중독되면 더 이상 길손이 아니다. 화려한 숙식과 돈은 고독한 방랑자를 타락하게 만든다. 명예와 이익과 야심이 넘치면 재앙이 서서히 다가온다. 반드시 중정의 도리를 지켜야 허물이 생기지 않는다.

☞ 돈과 물질욕은 타락으로 이끄는 주범이다.

7. 3효 : 중용을 벗어난 행동 뒤의 결과에 책임져라

구 삼   여 분 기 차   상 기 동 복 정   려
* 九三은 旅焚其次하고 喪其童僕貞이니 厲하니라

상 왈 여 분 기 차   역 이 상 의   이 여 여 하
象曰 旅焚其次하니 亦以傷矣요 以旅與下하니

기 의 상 야
其義喪也라

구삼은 나그네가 여관을 불태우고(여행하는데 객사가 불타고),[7]
어린 종의 올바름을 잃으니 위태하다. 상전에 이르기를 '나그네가
여관을 불태움'이니 또한 상하고, 나그네가 아래와 함께함이니 그
의리를 잃음이다.

3효는 양이 양자리에 있으나[正], 중용을 지나쳐[不中] 산 꼭대기
[艮:☶]에 있는 모양이다. 갑작스런 화재로 인해 객사에 한바탕 소동
이 일어난다. 꿈나라를 헤매던 투숙객들이 속옷차림으로 난리를 치
른다. 게다가 투숙객의 안전을 책임진 종업원마저 저 살자고 도망가는
바람에 위태롭다.

투숙객은 다른 손님들을 위하여 유순한 행동을 해야 한다. 술 먹고

---

7 '旅焚其次'에 대한 한글 번역을 두 가지다. 하나는 '나그네가 여관을 불태우고'
이며, 다른 하나는 '여행하는데 객사가 불탄다'이다. 전자에 따르면, 나그네는 경
찰에 붙잡혀 구속될 방화범이다.

고성방가하면서 거만한 말투로 심부름꾼을 괴롭힌다면 모두가 등을 돌리고 외면할 것이다. 공동생활에서는 조용한 말씨와 겸손한 행실이 대접받는다. 화재에 대비한 비상구를 가르쳐줄 수 있는 종업원이 난폭한 나그네를 홀로 남기고 줄행랑쳤으니 화상당할 일만 남았다.

여관에서 몸만 빠져나오면 될 것인데, 왜 다칠까? 센 양기운만 믿고 어린 하인들(초효와 2효)을 거칠게 대하니까 설령 화재가 없어도 못 본 척 했을텐데, 불이 나자마자 나그네의 목숨은 차치하고 먼저 사라졌다. 실제로 나그네 신세나 하인들 처지는 매일반이다. 동병상린의 심정으로 어린 하인들을 감싸 안아도 부족한데, 오히려 노예 다루듯이 했으니 어쩌면 도망가는 것이 당연하다.

여인숙은 불타버리고 여행객의 편안한 휴식을 책임진 일꾼들이 도망쳤다. 그것은 중용을 벗어난 행동 뒤에는 혹독한 결과가 뒤따른다는 것을 일깨우는 내용이다. 스스로의 본분을 망각하고 남을 무시하는 행위는 자신의 불행으로 끝나는 것이 아니라 다른 사람까지도 피해를 입히는 경우가 허다하다. 여괘는 중용의 소중함을 새삼 가르치고 있는 것이다.

☞ 중용은 모든 행위의 척도와 준거이자 황금율이다.

---

8. 4효 : 물질은 마음을 앞설 수 없다

★ 九四는 旅于處하고 得其資斧하나 我心이 不快로다
구 사　여 우 처　　득 기 자 부　　아 심　불 쾌

상 왈 여 우 처　　미 득 위 야　　득 기 자 부
象曰 旅于處는 未得位也니 得其資斧하나

심 미 쾌 야
心未快也라

구사는 나그네가 거처하고 노자돈과 도끼를 얻었으나, 내 마음은 불쾌하다. 상전에 이르기를 '나그네가 거처함'은 위치를 얻지 못함이니, '노자돈과 도끼를 얻음'은 마음이 유쾌하지 않음이다.

4효는 음자리에 양이 있고[不正], 중용에 미치지 못한다. '도끼[斧]'
는 떠돌이에게 필요한 최소한의 호신용 무기이며, 한편으로는 깊은 산 속에서 나뭇가지를 잘라서 임시로 거처할 숙소를 만들 때 사용하는 작은 도끼를 가리킨다.

4효가 비록 양이지만 음의 자리에 있다는 것은 곧 강유를 겸비했다는 뜻이다. 겉으로는 굳세지만 부드럽게 겸양을 실천하여 스스로를 낮춘다. 거친 나그네 생활에 종지부를 찍지 않고 잠시 머물다가 떠날 만하면 곧바로 떠나는 삶을 운명으로 받아들이기 때문이다. 나그네는 머지않아 몇 푼의 여비와 휴대용 손도끼를 들고 다시 떠나야 한다. 기약 없는 떠돌이 생활은 나그네로 하여금 항상 심기를 불편하게 만든다[我心不快].

나그네가 어렵게 얻은 임시 거처는 한낱 임시일 뿐 정식은 아니다[旅于處, 未得位也]. 짝꿍인 초효는 좋은 감응의 상대이건만 힘이 미약하여 큰 도움이 안 된다. 그렇다고 5효의 강력한 지원도 받을 수 없는 처지다. 단 며칠이면 바닥날 용돈은 큰 위안이 되지 못한다. '마음이 흔쾌하지 않다'는 하소연이 나올 만하다. 나그네 설움은 나그네만

이 안다.

> ☞ 몸은 바깥 여행이 가능하지만 마음은 항상 몸의 중심에
> 있어야 참된 삶을 영위할 수 있다.

9. 5효 : 중용은 큰 것을 얻게 하는 열쇠

★ 六五_는 射雉一矢亡^{이라} 終以譽命^{이리라}

象曰 終以譽命^은 上逮也^{일새라}

육오는 꿩을 쏴 화살 하나를 잃는다. 마침내 명예와 복록으로 삼는다. 상전에 이르기를 '마침내 명예와 복록으로 한다'는 것은 위에 미치기 때문이다.

5효는 음이 양자리에 있으나[不正], 상괘의 중용[中]인 동시에 여괘의 주인공[主爻]이다. 특히 상괘[離:☲]는 찬란한 문명을 표상한다.[8] 꿩은 화려하고 밝은 무늬를 가진 새로서 예전부터 임금을 처음 만날

---

8 정이천과 주자는 꿩을 '문명의 새'로 규정한다. ① 『역정전』, "'이'는 꿩으로서 문명의 물건이니, 꿩을 쏴 맞춘다는 것은 문명의 도에서 법칙을 취하여 반드시 합함을 이른다. 예컨대 꿩을 쏴 하나의 화살에 죽게 하여 발사함에 적중하지 않음이 없듯이 한다면 마침내 '예명'을 이를 것이니, 예는 훌륭한 명성이고 명은 복록이다[離爲雉하니 文明之物이니 射雉는 謂取則於文明之道而必合이라 如射雉에 一矢而亡之하야 發无不中이면 則終能致譽命也니 譽는 令聞也요 命은 福祿也라]" ② 『주역본의』, "꿩은 문명의 물건이니, 이괘의 형상이다. 육오가 유순하고 문명하며 또한 중도를 얻어 이괘의 주체가 되었다.[雉는 文明之物이니 離之象也라 六五柔順文明하고 又得中道하야 爲離之主라]"

때는 꿩을 바치는 관습이 존재했다.

대부분의 64괘에서 5효는 보통 군주를 가리킨다. 하지만 여괘의 주제는 나그네이므로 5효를 떠돌이 군주로 규정할 수는 없다. 이런 이유에서 여괘 5효는 직접 군주를 언급하지 않았다. 단지 "하나의 화살로 모든 꿩들을 꿰뚫었다[射雉 一矢亡]"고 했을 뿐이다. 이 명제에 대해 꿩을 겨냥하여 화살을 쏘았으나 꿩이 화살을 꽂은 채 날아갔다는 풀이가 있고, 화살 하나로 모든 꿩을 잡았다는 풀이가 있다. 비록 화살 하나를 잃었지만, 비명횡사할 뻔한 꿩이 다시 살아난 것을 기쁘게 여기는 것이 여행객의 마음이라는 것은 전자의 입장이다. 수많은 고난과 역경을 겪은 나그네가 중용의 덕을 실천하여 끝내 명예와 복록을 얻는다는 것은 후자의 입장이다.

5효의 핵심은 '한 개의 화살 잃음'과 '꿩을 잡고 명예와 복록을 얻음'으로 요약할 수 있다. 다시 말해서 작은 것은 잃고 큰 것은 얻는 효과가 있다. 희귀한 꿩을 군주에게 바쳐 명예와 복록을 얻는다는 뜻이 아니다. 나그네일망정 문명의 덕성으로 중도를 실현한다는 소문이 윗사람에 알려진 선행의 결과로 명예와 복록을 얻은 것이지, 하나의 화살로 여러 마리의 꿩을 잡는 명사수로 꼽혀 포상을 받았다는 의미는 더더욱 아닌 것이다.

> ☞ 중용은 온갖 고난을 이겨낼 수 있는 힘이다.

10. 상효 : 천명을 알지 못하면 집 떠난 새와 같다

* 上九_는 鳥焚其巢_니 旅人_이 先笑後號咷_라

상구   조분기소   여인   선소후호도
* 上九는 鳥焚其巢니 旅人이 先笑後號咷라

상우우이   흉
喪牛于易니 凶하니라

상왈 이 여 재 상   기의분야   상우우이
象曰 以旅在上하니 其義焚也요 喪牛于易하니

종막지문야
終莫之聞也로다

상구는 새가 그 집을 태우니, 나그네가 먼저는 웃고 뒤에는 울부
짖음이다. 소를 쉽게 잃으니 흉하다. 상전에 이르기를 나그네가 위
에 있음은 그 의리를 불사르는 것이요, '소를 쉽게 잃음'은 마침내
듣는 것이 없음이다.

　상효는 양이 음자리에 있고[不正], 중용을 벗어나 여괘의 끝자락에
도달했다. 나그네로서는 너무 높은 자리에 올랐다. 여행에 나서면 유
순해야 함에도 불구하고 오랜 떠돌이 생활에 인정이 메마른 나머지
교만한 태도로 활개친다. 스스로 망치는 것을 새가 자신의 집을 불태
운다고 묘사했다.

　사람은 누구나 죽는다. 태어나면 반드시 죽는 것이 생명의 법칙이
다. 인생이 얼마나 고달프면 갓난아기가 엄마 뱃속에서 나올 때 '아앙'
하고 울면서 나오는가? 사람은 손에 쥔 것 없이 태어나 빈 손으로 돌아
간다. 사람을 지탱하는 것은 몸과 정신이다. 몸은 영혼과 정신이 깃드
는 그릇이다. 사람이 죽으면 영혼은 몸체를 떠나 하늘로 올라간다. 탄
생이 몸과 정신의 결합이라면, 죽음은 몸과 정신의 이별이다.

여괘는 나그네를 새에 비유했다. 인간에게 집이 먹고 자는 보금자리라면, 둥지는 새의 집터다. 보금자리를 불사르고 떠난 새는 둥지를 어디에 틀까? 방화범으로 낙인찍힌 새는 쉼터를 지을까? 젊어서 맘껏 목청을 돋구어 지저귀던 정든 둥지를 불사르고 날아갈 곳은 어디인가? 이를 효사는 "나그네가 먼저는 웃고 뒤에는 울부짖는다[鳥焚其巢, 旅人先笑後號咷]"고 표현했다. 즉 여괘는 나그네를 대신해서 젊음과 늙음, 삶과 죽음이라는 절묘한 대비를 통해 애달픈 인생길을 묘사하고 있는 것이다.

신화에서는 진리를 상징하는 동물을 새라고 여긴다. 새는 문명과 진리를 보듬는 신성한 동물이다. 여괘의 상괘[離: ☲]는 자연적 의미로는 불과 태양을, 나무로는 가운데가 비고 위가 마른 '과상고(타인과의 화합함)'[9]이고, 동물로는 '소'에 해당한다. '나그네가 처음에는 웃고 나중에는 대성통곡하면서 울부짖는다'는 명제는 선후천론의 시각에서 읽어야 앞뒤 문맥이 제대로 통한다.[10]

여괘 상효를 이정호李正浩(1913~2004) 박사는 선후천론의 입장에서 최초로 해석하였다.

"리離는 새, 둥주리, 불, 소를 뜻한다. 간산艮山 위에 집을 짓고 오순도순 살아왔다. 그러던 것이 종말이 다가오매 어느 날 갑자기 살던 집을 불사르고 그렇게 좋아하며 웃고 즐기던 산을 뒤로,

---

9 『주역』「설괘전」11장, "離는 爲火爲日 … 其於木也, 爲科上槁."
10 천화동인괘天火同人卦 5효에는 "구오는 동인(타인과의 화합함)이 먼저는 울부짖고 나중에 웃으니[九五는 同人이 先號咷而後笑니]"라고 웃음과 울음이 뒤바뀌어 있다.

家藏什物은 물론 재산도 부리던 童僕도 기르던 소도 다 놓아두고 잃어버리고 어디론지 슬피 울며 떠나가니 다시는 그 행방의 소문조차 듣지 못하는 것이다. 이것이 '旅人이 先笑後號咷라' 하는 것이다. 떠나간 새의 행방은 과연 어디며 그 잃어버린 소는 또 어디로 갔을까. 이것이 궁금하다. 易은 불사의 새[鳥]요, 소는 유순의 덕을 지닌 짐승이다. 아주 영영 죽어 없어질 이치는 만무하다. 앞으로 겪을 무수한 고난과 무한 환란에도 용케 살아남아 거센 파도의 고해를 건느고 독한 공해의 대기 속을 지나서 아지랑이 하늘거리고 花歌三章 춤을 추는 또 하나의 艮山 위에 十數八卦 소[牛]에 싣고 새[新·鳥]집 지러 간 것일까? 속담에 물찌끼는 있어도 불찌끼는 없다더니 알뜰히도 타버렸다. 六二에서 얻은 旅次와 路資와 童僕을 九三에서 燒失하고 잃어버려 남은 것은 둥주리와 한 마리의 암소러니 이제 그것마저 태워버리고 잃어버리니 이 세상은 본시 空手來空手去라지만 다 갚지 않고는 떠나지 못하는 것일까."[11]

---

11 이정호, 『주역정의』(서울: 아세아문화사, 1980), 121-122쪽 참조. 이정호의 관심사는 언제나 정역연구를 지향했다. 『주역정의』「서문」에 있는 그의 공부과정을 옮긴다. "나의 周易硏究는 正易으로부터 시작하였다. 先天에서 後天을 전망한 것이 아니라 거꾸로 後天에서 先天을 回顧한 것이다. 말하자면 倒生逆成의 길을 밟은 셈이다. 이 책자는 一夫正易과 예수 福音의 後天思想을 토대로 하여 先天周易을 재인식한 것이다." 이정호의 학문관을 기념한 논문이 있다. "鶴山(이정호)이 이해한 주역은 정역의 프리즘을 통해본 것이다. 그가 주안점을 둔 것은 후천개벽과 그 사회, 그 윤리 등이었다. 그리고 이에 따른 無極, 皇極, 尊空 등과 같은 기존개념의 새로운 이해와 새로운 개념의 도출이었다. 또한 천지자연의 至變과 그에 수반하는 인간의 변화, 종교의 일치와 상호이해의 증진, 천하대동의 一家 구성 등등이다. 학산은 이들 『정역』이 지향하는 사상과 이념이 『주역』 속에 어떻게 숨겨져 있는지를 밝히려 했다. 그것이 그의 주역연구의 동기이다. 그런데 이런 방식의 주역연구는 비판의 여지가 있다. 어떤 특정의 목적이나 선입견을 갖고 『주역』을 해석하는 것이며, 이런 경우 종종 『주역』에 대한 오해, 誤導가 발생하기 쉽다."(곽신환, 「鶴山 李正浩의 易學硏究」, 동양철학 제 26집, 2006), 59쪽 참

이는 종말현상을 얘기하는 것은 아닐까? 지독한 논리의 비약이라고 반박할 수도 있다. 그 동안 『주역』을 바라보는 시각이 너무 협소했다. 선후천론에서 말하는 '소[牛]'는 후천의 새로운 판板을 지칭하는 단어다. 보통은 소를 유순한 동물로 인식하여 소를 여행 중에 잃어버렸으니 매우 흉한 징조라고 해석했다. 또한 갈 곳 없는 나그네가 옛날을 그리면서 인생의 허무함을 읊은 대목이라고 주장한 것도 무리는 아니다. 해석의 여지는 무궁무진하다.

『주역』의 핵심은 천명을 아는 것으로 집약할 수 있다. 천명이란 무엇인가? 원론적으로는 하늘과 땅의 의지를 파악하는 것일 것이다. 성리학자들은 「설괘전」의 '窮理盡性以至於命'을, 도덕론자들은 도덕성의 회복이라고 외칠 것이다. 이들을 통합할 수 있는 통일이론은 시간론임이 틀림없다.

나그네의 덕목은 겸손이다. 교만은 보름달과 같아 점점 작아지지만, 겸손은 초승달과 같아 점점 커진다. 교만의 극치는 불행을 가져오고, 겸손은 눈에 보이지 않는 이득을 가져온다. 교만한 자는 집이 타고 있는 줄도 모르다가 다 타버리고 난 뒤에야 비로소 대성통곡한다. 엎질러진 물은 되담을 수 없고, 불탄 집은 원형으로 되살릴 수 없다.

자동차 예절의 근본은 양보 운전이다. 남보다 1분 앞서 가려다 교통사고가 다반사로 일어난다. 양보와 겸손은 안전을 가져온다. 이것이 어찌 운전자와 나그네에게만 적용되는 인생의 원칙이겠는가? 둥지 잃은 새와 잃어버린 소는 거들먹거리는 나그네의 말로를 비유한 것이다.

조.

교만한 나그네가 타향에서 객사했는데, 아무도 그 사실을 알지 못하더라도 누구를 탓하리오.

> ☞ 길손도 겸손한데 하물며 평범한 사람이랴!

11. 주역에서 정역으로

정역사상의 연구자 이상룡李象龍은 여괘의 성격을 다음과 같이 설명한다.

여 자   취 인 지 기 하   기 하 지 인   군 려 야
★ 旅字는取人止旗下며旗下之人은軍旅也요

기 려 야   고 군 오 지 오 백 인 왈 여
羈旅也라故軍伍之五百人曰旅라 하니라

위 괘 이 상 간 하   화 기 산 상
爲卦离上艮下하고火起山上이라

개 군 인 소 재 지 처   화 명 척 후 등 고 지 휘
盖軍人所在之處는火明斥堠登高指揮니

전 소 위 기 화 파 산 지 류 시 야
傳所謂起火巴山之類是也라

차 병 화 치 성   즉 인 개 이 산
且兵火熾盛이면則人皆離散이니

불 극 가 식   역 기 려 지 상 야
不克家食이亦寄旅之象也라

이 물 지 풍 부   인 지 소 욕   지 유 이 사 려 상 쟁
而物之豊富는人之所欲이나至有以師旅相爭이니

고 차 괘 차 어 풍 야
故此卦次於豊也라

"'여'라는 글자는 사람이 깃발 아래에 멈춘 것을 취한 것이다. 깃발 아래의 사람은 군사들이[12] 나들이[羈旅^{기 여}]하는 것이므로 군대가 500명을 하나의 조를 이루는 것을 '여'라 한다. 괘의 구성은 불이 산 위에서 일어나는 리괘가 위에 있고, 간괘가 아래에 있다. 대개 군대의 진지는 적들의 형편을 살필 수 있는 봉화대 같이 높고 밝은 지형에 올라 지휘해야 하는데 고전에서 말하는 불이 일어나는 파산巴山[13] 과 같은 곳이 바로 그것이다. 봉화의 불길이 치열하게 성행하면 사람들이 모두 흩어지게 마련이다. '집에서 밥먹지 못하다[不克家食^{불 극 가 식}]' 역시 나그네가 머무는 모양이다. 그런데 물건이 풍부함은 사람의 욕심이지만 군인과 나그네가 서로 다투므로 여괘가 풍괘豐卦 다음이 된 까닭이다.

* 象曰^{단 왈} 旅^여는 小亨^{소 형}코는 兵不可窮極^{병 불 가 궁 극}이라야 大用也^{대 용 야}요

旅貞^{려 정}하며 吉^길하니라는 師行以中正也^{사 행 이 중 정 야}일새라

* 단전- '여는 조금 형통한다'는 것은 전쟁은 끝까지 가지 말아야 크게 쓰일 수 있다는 것이다. "나그네는 올바르게 해야 길하다"는 것은 군대가 전진함에 중정中正을 쓰기 때문이다.

* 象曰^{상 왈} 君子以^{군 자 이}하여 明慎用刑^{명 신 용 형}하며 而不留獄^{이 불 류 옥}하나니라는

聲而討之^{성 이 토 지}요 不可姑息也^{불 가 고 식 야}라

* 상전- "군자는 이를 본받아 형벌을 밝게 신중하게 하며, 감옥에

---

12 '旅'는 500명을 一隊로 하는 군대의 조직을 뜻한다.
13 四川城 重慶 지방에 있는 산 이름.

계속 가두는 것을 없게 한다"는 것은 소리로만 죄를 다스려 당장
에 탈이 없고 편안한 것을 뜻한다.

　　초육　려쇄쇄　음유부재　군정번가야
* 初六은 旅瑣瑣는 陰柔不才로 軍政煩苛也라

* 초효- '나그네가 옹졸하고 행색이 초라함'은 부드러운 음이 사납
고 번거러운 군정軍政을맡기에는 재주가 모자란 것을 가리킨다.

　　육이　여즉차　　회기자　득동복정
* 六二는 旅即次하여 懷其資하고 得童僕貞이로다는

　사행이양식　　안기소사이막료정정야
師行而糧食하여 安其所舍而幕僚貞正也라

* 2효- "나그네가 여관에 들어가 노자돈을 품고 어린 종의 올바
름을 얻도다"라는 것은 군대의 행진에 식량이 가득 차 거처가 편
안하고 참모가 곧고 올바름을 뜻한다.

　　구삼　여분기차　　상기동복정　　려
* 九三은 旅焚其次하고 喪其童僕貞이니 厲하니라는

　동이실기야
動以失幾也라

* 3효- "나그네가 여관을 불태우고(여행하는데 객사가 불타고),
어린 종의 올바름을 잃으니 위태하다"는 것은 움직여 기회를 잃
어버림을 가리킨다.

　　구사　여우처　득기자부
* 九四는 旅予處하고 得其資斧하나

　아심불쾌　　지재득위야
我心不快로다는 志在得位也라

* 4효-"나그네가 거처하고 노자돈과 도끼를 얻었으나, 내 마음이 불쾌하다"는 것은 뜻이 지위를 얻는 것에 있음을 뜻한다.

六五^{육오}는 射雉一矢亡^{사치일시망}이라는

跋扈權貴^{발호권귀}하여 一舉而赫除也^{일거이혁제야}라

* 5효-"꿩을 쏴 화살 하나를 잃는다"는 것은 권력이나 귀함을 쫓는 것을 넘어서 한꺼번에 눈에 띄도록 제거하는 것을 뜻한다.

上九^{상구}는 鳥焚其巢^{조분기소}라는 兵猶火不戢自焚也^{병유화부집자분야}요

先笑后號咷^{선소후호도}라는 兵驕見敗也^{병교견패야}요

喪牛于易^{상우우이}라는 上元王師欲攻^{상원왕사욕공}이면 則必凶也^{즉필흉야}라

* 상효- '새가 그 집을 태운다'는 것은 전쟁이 마치 불이 저절로 꺼지지 못하고 타는 것 같다는 뜻이다. "먼저는 웃고 뒤에는 울부짖음"은 군사들이 교만하여 패하는 것을 본다는 뜻이다. '소를 쉽게 잃으니 흉하다'는 것은 상원上元의 왕의 군대가 공격하려고 한다면 반드시 흉하다는 뜻이다.

地水師卦

백성을 이끌어가는 원동력은 힘과 조직、돈과 권력과 명예가 아니라 개인과 사회를 꿰뚫는 올바른 길[正道]에 있다。리더쉽을 갖춘 지도자는 채찍을 일삼는 패도를 버리고 덕으로 다스리는 왕도를 책택해야 할 것이다。백성과 함께 슬픔과 기쁨을 공유하지 않는 정치는 아무런 쓸모가 없다는 것이 유교의 종지다。

Chapter 2

지수사괘地水師卦
군대의 규율

1. 세상을 구하는 조직의 규율 : 사괘

정이천은 천수송괘天水訟卦(䷅) 다음에 지수사괘(䷆)가 오는 이
유를 다음과 같이 말한다.

사　서괘　송 필 유 중 기
* 師는 序卦에 訟必有衆起라

고 수 지 이 사
故受之以師라 하니라

사 지 흥　유 유 쟁 야　소 이 차 송 야
師之興은 由有爭也니 所以次訟也라

위 괘 곤 상 감 하　이 이 체 언 지
爲卦坤上坎下하니 以二體言之하면

지 중 유 수　위 중 취 지 상
地中有水하니 爲衆聚之象이요

以二卦之義言之_{하면} 內險外順_{하여}

<small>이 이 괘 지 의 언 지　내 험 외 순</small>

險道而以順_{하니} 行師之義也_요

<small>험 도 이 이 순　행 사 지 의 야</small>

以爻言之_{하면} 一陽而爲衆陰之主_{하니}

<small>이 효 언 지　일 양 이 위 중 음 지 주</small>

統衆之象也_라

<small>통 중 지 상 야</small>

比_는 以一陽_{으로}

<small>비　이 일 양</small>

爲衆陰之主而在上_{하니} 君之象也_요

<small>위 중 음 지 주 이 재 상　군 지 상 야</small>

師_는 以一陽_{으로}

<small>사　이 일 양</small>

爲衆陰之主而在下_{하니} 將帥之象也_라

<small>위 중 음 지 주 이 재 하　장 수 지 상 야</small>

사괘는 「서괘전」에 '소송은 반드시 여럿이 일어나기 때문에 사괘로 이어받았다'라고 했다. 군대가 일어남은 분쟁이 있기 때문이므로 송괘 다음이 된 것이다. 괘의 형성은 곤은 위에, 감은 아래에 있다. 두 실체로 말하면 땅 가운데 물이 있으니 여럿이 모이는 형상이다. 두 괘의 뜻으로 말하면 안은 험난하고 밖은 순하여 험난한 도이면서 순함을 본질로 삼으니, 군대를 행하는 뜻이다. 효로 말하면 하나의 양이 여러 음의 주장이 되어 여러 사람을 통솔하는 형상이다. 비괘는 하나의 양이 여러 음의 주장이 되어 위에 있으니 군자의 모습이다. 사괘는 하나의 양이 여러 음의 주장이 되어 아래에 있으니, 장수의 모습이다.

'사師'는 무리 '사', 군대 '사'이다. 상괘는 땅[坤; ☷], 하괘는 물[坎; ☵]로 구성된 것이 사괘師卦다. 옛날의 농사꾼은 평소에는 땅을 일구어 세금을 바치고, 농한기에는 부역으로 끌려 나갔고, 전쟁 때에는 군인으로 복역하였다. 농사는 하늘의 뜻을 이어받은[順應 $\overset{순}{\underset{응}{}}$] 최고의 직업이라는 의미에서 '농자천하지대본農者天下之大本'이라는 말이 생겼다. 하늘 아래에는 물이라는 위험이 도사리고 있다. 즉 농사일 뒤에는 위험한 전쟁을 상징하는 험난함[險難 $\overset{험}{\underset{난}{}}$ $\overset{감}{}$; 坎]이 가로막혀 있다. 또한 개인적인 소송건이 집단분쟁의 불씨가 되기도 한다. 집단분쟁은 곧잘 전쟁으로까지 확대되어 걷잡을 수 없다는 뜻이다.

지수사괘의 구조

그것은 괘의 구조가 대변한다. 지수사괘地水師卦(䷆)에서 2효만 양이고 나머지는 모두 음이다. 유약한 다섯 음에 양 하나가 포위당했어도 강력한 힘을 발휘하고 있다. 즉 다섯 음은 병사이고, 단 하나의 양인 2효는 5효 임금에게서 대권을 이양 받은 장군이다. 최고 통수권자인 임금의 명령장을 근거로, 심지어 병사의 대열에 낀 임금조차도 이끌고 전쟁터에 나가는 형국이다.

2효는 비록 아래에 있지만, 위의 5효 임금에게서 병권을 위임받은 사령관이다. 군주가 사령관에게 출정명령을 내리는 상황에 빗대어 설명하기 때문에 괘 이름을 '사괘'라 했던 것이다. 군대는 특수조직이다. 상관의 말은 지상명령이다. 지휘관에 대한 명령 불복종은 '하극상下剋上'이라 하여 처벌대상이다. 그렇다고 계급의 권위로 군대를 이끈다고 전쟁의 승리를 보장받지 못한다. 명령에는 합당한 전제조건이 뒤따르기 때문이다.[14]

---

14 21세기 병영문화는 많이 바뀌었다. 양심과 도덕적 판단과 군대규정에 어긋나

참고로 『주역』 64괘에서 '일음오양一陰五陽'의 구조를 갖는 괘가 여섯 개, 또한 '일양오음一陽五陰'의 구조를 갖는 괘도 여섯 개이다. 전자는 택천쾌괘澤天夬卦(䷪), 천풍구괘天風姤卦(䷫), 화천대유괘火天大有卦(䷍), 천화동인괘天火同人卦(䷌), 풍천소축괘風天小畜卦(䷈), 천택리괘天澤履卦(䷆) 등이다. 후자는 지뢰복괘地雷復卦(䷗), 산지박괘山地剝卦(䷖), 뇌지예괘雷地豫卦(䷏), 지산겸괘地山謙卦(䷎), 지수사괘地水師卦(䷆), 수지비괘水地比卦(䷇) 등이다. 전자가 주로 수신·제가·치국·평천하와 같은 정치문제를 언급했다면, 후자는 천지지도天地之道와 이에 근거한 실천문제를 언급하고 있다.

'사괘'의 구성을 통해서 인류사의 발전과정을 추적해 볼 수 있다. 인류는 원시공동체를 이루면서 공동생산, 공동분배를 통해서 경제생활을 영위했다. 하지만 시대가 흘러 인간의 무한욕망이 표출되면서부터 이기심의 충돌은 분쟁과 투쟁의 양상으로 나타났다. 분쟁은 목숨 건 싸움으로 발전하여 입장이 같은 부류끼리 연합하기에 이른다. 이런 의미에서 '사괘'는 군대의 기율에 대해 가르치고 있다.

2. 사괘 : 군율의 생명은 곧음

★ 師는 貞이니 丈人이라야 吉코 无咎하리라
사 정 장 인 길 무 구

사는 곧음이다. 장인이라야 길하고 허물이 없다.

___

지 않는 한, 직속상관의 불법명령은 반드시 따르지 않아도 된다는 법원의 판결이 나왔다.

『주역』은 언제 어디서나 곧음[貞]과 올바른 마음[正]을 강조한다. 그러니까『주역』은 마음학[心學]이다. 불교처럼 가끔은 현실을 냉소적으로 바라보는 태도가 아니라, 오히려『주역』은 현실개혁을 적극적으로 옹호하고 촉구한다. 행운[吉]을 획득하기 위해서 올바른 행위를 하라는 것이 아니다. 우연히 찾아오는 행운을 기대하기보다는 정당하고 떳떳한 행위 뒤에 따라오는 행운을 맛보라고 가르친다.

『주역』은 애당초 대동사회를 지향한다. 대동사회의 건설을 법률과 힘에 의지할 것인가, 아니면 도덕률에 기초한 공동체를 형성하느냐의 선택이 기다리고 있을 따름이다.『주역』은 후자를 지향한다. 맹자는 도덕성을 거부한 통치자의 정당성조차 인정하지 않았다. 사괘는 심지어 규율이 강력하기로 소문난 군대에게도 도덕적 정당성을 요구한다. 분대, 소대, 중대, 대대, 연대, 사단으로 이어지는 계급집단에서 명령거부는 있을 수 없다. 명령에 무조건 순종하는 것이 특수조직인 군대의 생명인 것이다.

> ☞ 군대는 '올바름[貞=正]'으로 움직여야 옳다.

3. 단전 : 정도正道로 집단을 움직여야

★ 彖曰 師는 衆也요

貞은 正也니 能以衆正하면 可以王矣리라

강 중 이 응   행 험 이 순
剛中而應하고 **行險而順**하니

이 차 독 천 하 이 민   종 지
以此毒天下而民이 **從之**하니

길   우 하 구 의
吉코 **又何咎矣**리오

단전에 이르기를 사는 무리요, 곧음은 올바름이다. 능히 무리를 올바르게 하면 왕이 될 수 있다. 강하고 적중하여 응하고, 험한 것을 실행하면서 순하게 한다. 이로써 천하를 훈육(혹독)하므로 백성들이 따르니 길하고 또한 무슨 허물이 있겠는가.

집단을 움직이는 것은 조직도 아니고, 돈도 아니고 권력도 아니다. 조직을 움직이는 것은 사람이다. 사람을 사람이게끔 하는 것은 정도 正道 이외에 다른 것이 없다. 그렇다고 정도를 지키는 사람은 유약해서는 안 되고 굳센 의지를 가져야 할 것이다. 문무를 겸비해야 한다. 그래서 정의는 늠름한 장수에 의해 실현될 수 있다고 했다. 그만큼 정의는 힘이 뒷받침되지 않으면 구현되기 어렵다는 사실이다. 오죽하면 서양의 궤변론자들이 '정의는 강자의 이익'이라 했겠는가. '장인丈人'을 대인大人으로 볼 수도 있다. 5효 대인大人에게서 막강한 권한을 이양 받은 장군이기에 '장인丈人'이라고 했을 뿐이다. '장인丈人'은 차라리 건괘乾卦 2효의 대인大人으로 보는 것이 옳을 것이다.

정의와 불의

                    정
정의[正]와 불의의 가치기준은 무엇인가? 법률인가, 양심인가? 이는 동서양 철학자들이 골머리를 앓았던 문제이다. 정의는 양심에 뿌리를 두고 있다. 양심은 맹자가 얘기했던 것처럼 인간이 어머니 뱃속에서부터 배우지 않고도 아는 선천적이며, 동시에 인간이면 누구나 다 태어날 때부터 본유本有한 본성이다.[15] 그것이 바로 공자에게는 '인仁'이고 맹자에게는 '인의仁義'였다. 맹자는 「양혜왕梁惠王」 상편의 첫머리에서 사회적 이익만을 챙기는 양혜왕에게 도덕적 가치가 더 근원적이라고 일침을 가하고 있다.

못사람을 이끌어가는 원동력은 힘과 조직, 돈과 권력과 명예가 아니라 개인과 사회를 꿰뚫는 '올바른 길[正道]'[16]에 있다. 대중을 교육하는 방법은 덕으로 다스리는 왕도이지 채찍을 일삼는 패도가 아니다. 진정으로 백성들이 원하는 바가 왕도라는 사실 자체를 논증한 이론이 바로 성선설性善說이다. 백성과 함께 하지 않는 정치는 아무런 쓸모가 없다는 것이 유교의 종지이다. 그래서 공자는 '안민安民'을, 맹자는 '여민동락與民同樂'을, 다산은 '목민牧民'을 외쳤던 것이다.

> ☞ 조직을 움직이는 것은 사람이다. 정도正道를 지키며, 문무를 겸비해야 지도자로서의 자격을 갖출 수 있다.

---

15 도덕적 본성보다는 영성이 앞으로의 세상을 먹여 살릴 수 있다는 견해가 설득력 있게 들린다. "이 시대 최고의 메가트렌드는 영성에 대한 탐구이다. 영성이란 초월적 존재, 신성함, 신과 연결되고자 하는 욕망에서 시작한다. 영성이란 내적인 평화, 명상, 웰빙, 기도, 관계중시, 삶의 목적, 미션과 같은 단어 중 하나일 것이다. 창조성의 가장 중요한 구성 요소인 깨달음은 정신보다 한 차원 높은 지성을 말한다. 깨달음이 우리의 정신적 재능을 인도할 때, 최고의 결과가 나올 수 있다. 영성을 갖춘 인간은 자신이 바라는 변화 그 자체가 되도록 해야 한다. 즉 '되는 것[Being]'에서 '행하는 것[Doing]'으로 이동해야 한다."(패트리셔 애버딘/윤여중,『메가트렌드 2010』서울: 청림출판, 2006, 33/120쪽 참조)

16『易程傳』, "師之道, 以正爲本, 興師動衆, 以毒天下而不以正, 民弗從也, 强驅之耳, 故師以貞爲主."

4. 상전 : 포용으로 백성을 보듬어야

＊象曰 ^{상 왈} 地中有水師니 ^{지 중 유 수 사}

君子以하여 ^{군 자 이} 容民畜衆하나니라 ^{용 민 휵 중}

땅 속에 물이 있음이 사이니, 군자는 이를 본받아 백성들을 널리 포용하고 무리를 길러낸다.

어머니 대지는 생명수를 가슴에 가득 품고 있다. 이러한 형상을 본 뜬 것이 사괘師卦다. 군자는 이러한 생명의 의지를 깨달아 어머니가 자식을 품듯이 백성들을 한없는 사랑으로 감싸서 양육하라는 지침 이다.

대지는 만물생성의 자궁이며, 물은 자궁을 율동시키는 생명의 씨앗 이다.[17] 신화학의 대가 조지프 켐벨은 "신화는 제 1의 자궁이며, 종교 는 제 2의 자궁"[18]이라 했다. 이런 점에서 땅과 물에 대한 사괘師卦의 가르침은 제 3의 자궁에 대한 노스탤지어를 불러일으키는 명언이다.

---

17 사라 알란/오만종, 『공자와 노자, 그들은 물에서 무엇을 보았는가』(서울: 예문 서원, 1999), 25－26쪽 참조, "물은 생명을 제공하고 땅으로부터 자발적으로 솟아 올라 저절로 움직이며, 고요한 상태가 될 때 완전한 수평이 되는 동시에 스스로 침전작용을 하여 맑아진다. 또 그릇의 모양에 따라 어떠한 형태도 취하고 가장 조그마한 틈도 뚫고 들어가며, 강압에 양보하지만 가장 단단한 돌도 닳게 하고 얼음이 되어 단단해지고 증기가 되어 사라지기도 한다. 이러한 특성을 지닌 물은 우주의 본성에 관한 철학적 개념의 모델이다. … 형태의 다양성과 이미지를 생성하 는 데 비상한 능력을 갖고 있는 물은 자연의 이치뿐만 아니라 사람의 행위에 대해서 도 적용되는 일반적인 우주원리들을 개념화하는 주요한 모델을 제공했다."

18 조지프 켐벨/이윤기, 『신화의 힘』(서울: 고려원, 1996), 120쪽 참조.

어머니 대지는 여성원리로서 만물에 대한 배타적 사랑이 아니라 포괄적인 사랑을 뿜어낸다. 가정에서 어머니[땅; 地]가 자식에게 사랑을 부여하는 존재라면, 아버지[하늘; 天]는 자식에게 사회적 성격을 부여하는 존재이다.

「상전」의 앞부분은 자연에 대한 객관적 서술이요, 후반부는 자연의 인간화라는 문화와 문명을 얘기한다. 자연을 정복하고 싶어 하는 것은 인간의 선천적 본능일지도 모른다. 서양에서는 자연을 넘어서거나 극복(정복)하는 것을 문명이라 단정지었다. 그들에게 '가장 자연스런 것'은 '문명화되는 것'이라고 말할 수도 있다. 『주역』은 자연의 정복을 경계하지만, 문명화되는 것에 대해서는 긍정적이다. 64괘 전체 「상전」의 문법구조가 자연의 인간화로 일관되어 있기 때문이다.

「상전」에 함축된 문제의식에 대해서 서양인들은 생태학적으로 접근하기 시작했다. 그들은 자연에 대한 의무인가, 인류에 대한 의무인가로 압축했던 것이다.

> "첫째, 인류에 대한 의무보다 자연에 대한 의무가 더 우월한 차원에 있다는 주장이다. 이는 생태학적 전체론의 입장인데, 논리적으로 인간의 자유를 축소시킬 뿐 아니라, 인구수까지 감소시킬 권리를 내포한다. 둘째, 자연에 대한 의무와 인류에 대한 의무가 같은 차원에 있다는 주장이다. 우리에게는 분명 두 번째 선택이 더 매력적인 것으로 보인다."[19]

'용容'은 용납하다, 포용하다, 용서하다 등 여러 뜻이 있다. 진정한

---

19 오귀스트 베르크/김주경, 『대지에서 인간으로 산다는 것』(서울: 미다스 북스, 2001), 140쪽.

의미에서 포용의 정신은 종교의 극한 대립마저도 초월한다. 용납은 상대방의 잘못을 용서하는 것이고, 포용은 상대방의 사상과 이념 등을 존중하고 인정한다는 뜻이다. '포용'은 지난 일에 발목 잡히지 않는다. 미래를 지향하기 때문이다.

> ☞ 어머니가 자식을 품듯이, 백성들을 사랑으로 감싸안고 양육할 책임을 짊어진 사람이 바로 군자이다.

5. 초효 : 군율의 지엄함

초 육   사 출 이 율
★ 初六은 師出以律이니
부   장   흉
否면 臧이라도 凶하니라

상 왈   사 출 이 율   실 율   흉 야
象曰 師出以律이니 失律하면 凶也리라

초육은 군대가 출정하는데 군율로써 해야 한다. 그렇지 않으면 비록 착하더라도 흉하다. 상전에 이르기를 '군대가 출정하는데 군율로써 해야 한다'는 것은 군율을 상실하면 흉할 것이다.

군인의 길은 절대복종이 미덕이다. 군대는 매일 반복하는 훈련과 더불어 규율이 군대의 전투력을 높이는 지름길인 까닭에 갖가지 규범을 만들어 포상하거나 징계하여 조직력을 강화시켰다. 규율을 지키지 않으면 아무리 착한 군인일지라도 군율로 처벌받는다. 군율의 지엄함은 선악의 가치를 넘어선다는 말이다. 특히 「상전」의 말에 따르면, 질서 파괴자는 반드시 신상필벌信賞必罰의 원칙에 의거하여 용서받을 수 없다는 법가사상法家思想 또는 병가兵家의 주장과 거의 일치한다.

초효는 음이 양의 자리에 있고, 하괘의 중도를 얻지 못했기 때문에 '부중부정不中不正'이다. 그것은 2효 사령관의 명령에 복종하지 않는 군율 위반행위를 상징한다. 그런데 제갈량諸葛亮은 "출사표出師表"를 지을 때, 군율의 엄정함보다는 전쟁이 과연 합당한가 여부를 먼저 하늘에 물었다. 이는 아무리 군율일지라도 하늘과 땅과 인간의 도리에 부합하지 않으면 그 정당성마저 잃는다는 뜻이다. 그러나 일단 군대를 지휘할 때, 군율이 공평하게 적용되지 않으면 군율은 있으나마나 한 휴지조각에 불과할 것이다.

> ☞ 하늘과 땅과 인간의 도리에 부합하지 않으면 군율도 정
> 당성을 잃는다.

6. 2효 : 하늘이 사랑하는 지도자

★ 九二는 在師하여 中할새 吉코 无咎하니
王三錫命이로다

象曰 在師中吉은 承天寵也요
王三錫命은 懷萬邦也라

구이는 군사에 있어서 적중하기 때문에 길하고 허물이 없다. 왕이 세 번이나 명을 내리도다. 상전에 이르기를 '군사에 있어서 적중 하기 때문에 길하다'는 것은 하늘(천자)의 은총을 받듦이요, '왕이 세 번이나 명을 내린다'라는 것은 모든 나라를 내 품으로 포용함이다.

2효는 사괘에서 유일하게 에너지가 넘치는 양효이다. 모든 음에 둘러싸여 있으면서도 그들의 전폭적인 지원과 신뢰를 받는다. 특히 5효 군주의 각별한 신임 아래 막강한 힘을 발휘하여 전쟁을 승리로 이끄는 덕장德將이면서 지장智將이자 용장勇將이다.

2효가 길한 까닭은 중용의 덕을 갖추고 있기 때문이지, 전술전략에 탁월한 장수의 단독 능력으로 이루어지지 않는 것을 뜻한다. 불의를 보고도 그냥 지나치는 무능한 장군이 아니라 불의조차도 중용의 덕으로 감화시키는 유능한 장군이다. 그러니까 왕은 은총을 계속 내리고, 부하들은 모두가 감복하여 군율을 잘 지킴으로써 군대의 사기는 하늘을 찌를 듯이 높아질 수밖에 없다.

2효는 하늘의 섭리에 대한 땅의 대행자, 성인에 대한 군자, 군주에 대한 신하의 위치를 상징한다. 하늘의 은총을 받는 자는 군주의 신임을 받는 사람이다. 하늘의 사랑을 받는 자는 백성의 지지를 받는 훌륭한 지도자다. 이런 지도자는 하늘의 뜻을 계승하여 온 천하를 감동시킬 수 있다. 그것은 힘에 의한 강요가 아니라 덕치에 의한 감화인 것이다.

☞ 지도자는 중용의 덕을 갖추어야 백성의 지지를 받을 수
있다.

7. 3효 : 지도자의 조건

★ 六三은 ^{육삼} 師或輿尸면 凶하리라 ^{사 혹 여 시 흉}

象日 師或輿尸면 大无功也리라 ^{상 왈 사 혹 여 시 대 무 공 야}

육삼은 군대가 혹시 전쟁에 패하여 시체를 수레에 실으면 흉할 것
이다.[20] 상전에 이르기를 '군대가 혹시 전쟁에 패하여 시체를 수레
에 싣는다'는 것은 큰 공로가 없음이다.

3효는 중용의 덕을 한 단계 지나친 하괘의 끝자락에 위치한다. 또한
양의 자리에 음효가 자리잡고 있다. 이는 아무런 권한도 없는 사람이
지휘관 노릇하면서 뽐내는 형상이다. 누구도 무서워하지 않는다. 그
러니까 병사들로부터 존경받지 못한다. 이를 사괘는 전쟁터에서 패배
하여 시체를 수레에 싣고 처량하게 돌아오는 모습으로 묘사하고 있는
것이다.

3효는 자질이 부족한 사람이 사령관의 지휘봉을 흔드는 꼴이다. 그
는 자신의 능력에서 빗나간 불법행동을 마구 저지른다. 이런 사람이

---

20 대부분의 풀이들과는 다르게, 정이천의 주석에 입각하여 "군사가 혹 여럿이
주장하면[輿尸, 衆主也.] 흉하다"고 한 것도 있다. (김석진, 앞의 책, 328쪽)

사령관이 된다면, 그 군대는 백전백패한다. 사령관이 전사하여 병사들이 비를 맞으면서 그 시체를 삐거덕거리는 달구지에 싣고 돌아온다는 뜻이다. 전리품은 커녕 패배로 인한 배상의 짐만 지고 온 셈이다.

> ☞ 자질이 부족한 지휘관은 모두에게 불행이다.

8. 4효 : 지도자는 상황판단이 빨라야

* 六四는 師左次니 无咎로다
  육 사　　사 좌 차　　무 구

象曰 左次无咎는 未失常也라
상 왈　좌 차 무 구　　미 실 상 야

육사는 군사가 왼쪽으로 후퇴하여 물러남이니 허물이 없다. 상전에 이르기를 '왼쪽으로 후퇴하여 물러남이니 허물이 없다'는 것은 떳떳함을 잃지 않음이다.

4효는 음이 음의 자리에 있어 정正이지만, 중中의 위치는 아니다. 비록 유약하고 능력이 부족한 지휘관이지만, 자기 분수를 잘 알기 때문에 정도를 지킨다. 전쟁에서 무모하게 앞으로 나가는 것을 금지하는 말이다. 단지 전력보강을 위해 잠시 후퇴하여 대열을 정돈하는 데 필요한 시간을 버는 작전을 가리킨다.

긴박한 상황에서 나아가고 물러가는 것을 판단하는 것은 유능한 지휘관이 아니면 불가능하다. 적을 알고 나를 알면 백 번 싸워도 패하지 않는다는 말이 있다. 후퇴하는 것은 비겁해서 그런 것이 아니라, 3

보 전진을 위해서 2보 물러서는 것일 따름이다. 싸워서 이길 수 없다는 판단이 서면 후퇴하는 것이 지는 것보다 훨씬 낫다.

군사행동을 비롯하여 일상생활을 통틀어서 전진과 후퇴를 결정하는 가늠자는 적절한 시간을 선택하는 데에 있다.[21] 전진해야 할 때는 후퇴하고, 후퇴할 때 전진하는 오류를 범해서는 안 된다. 객관적 시기와 공간적 상황을 합리적으로 판단하여야 병사들의 생명을 보호할 수 있을 뿐만 아니라 전쟁의 종지부를 찍을 수 있는 것이다.

> ☞ 전진과 후퇴를 결정하는 기준은 적절한 시간의 선택에 있다.

9. 5효 : 중용의 실천

* 六五는 田有禽이어든 利執言하니 无咎리라
長子帥師니 弟子輿尸하면 貞이라도 凶하리라
象曰 長子帥師는 以中行也요
弟子輿尸는 使不當也라

육오는 밭에 새가 있거든 포획하라고 말하는 것이 이로우니 허물이 없을 것이다. 장자가 군사를 통솔하니 제자가 시체를 실으면

---

21 정이천의 주석은 참고할 만 하다. "行師之道, 因時施宜, 乃其常也."

올바르더라도 흉할 것이다. 상전에 이르기를 '장자가 군사를 통솔한다'는 것은 중도로써 행함이요, '제자가 시체를 싣는다'는 것은 부림이 온당치 않음이다.

새가 나무 위에서 목청껏 노래 불러야 함에도 불구하고 밭에 새가 있다는 것은 땀 흘려 농사지은 작물을 마구 먹어치우는 까닭에 그러한 새는 사냥해도 좋다는 뜻이다[利執言^{이 집 언}]. 이와 마찬가지로 백성들을 보살핀다는 명목으로 괴롭히는 도적은 마땅히 잡아들여야만 근심이 사라진다. 이제야 대의명분을 내걸고 불의한 집단을 토벌할 시간이 왔다고 암시한다.

그러니까 실리보다는 명분이 정당하기 때문에 여론조성에 아무런 흠집이 없다. 5효는 음이 양의 자리에 있기 때문에 부정不正이지만 중中을 얻고 있다. 5효는 군대를 움직이는 주체로서 중용의 덕을 쌓은 군주이다.

장자長子와 제자弟子의 대비가 절묘하게 구성되어 있다. 일차적으로는 하늘의 큰아들과 나머지 여러 아들을 뜻한다. 하늘의 큰아들만이 장수들을 통솔할 자격이 있다는 말이다. 이밖에도 장자학長子學＝공자학孔子學이며, 제자학弟子學＝제자학諸子學이라고도 할 수 있다. 제자들이 모는 달구지는 시체를 싣는 쓰임새요, 공자의 무리들이 이끄는 수레는 진리를 싣는다는 뜻이다. 왜냐하면 장자학長子學은 중용의 도리를 실천함을 목적으로 삼기 때문이다.

> ☞ 중용의 실천이 고난극복의 지름길이다.

10. 상효 : 인재등용의 원칙

★ 上六은 大君이 有命이니

開國承家에 小人勿用이니라

象曰 大君有命은 以正功也요

小人勿用은 必亂邦也일새라

상육은 대군이 명을 내린 것이 있으니, 나라를 열고 가업을 이어 받음에 소인을 등용하지 말지어다. 상전에 이르기를 '대군이 명을 내린다'는 것은 공을 바르게 함이요, '소인을 등용하지 말라'는 것은 반드시 나라를 어지럽히기 때문이다.

상효는 전쟁이 끝난 후에 벌어지는 '논공행상論功行賞'에 대해 얘기하고 있다. 각각의 공로에 대한 심사를 엄격히 한 다음에, 공신에게는 제후諸侯에 봉하거나 또는 경대부卿大夫에 임명한다. 아무리 적을 토벌한 공적이 많더라도 나라를 창업하고 백성을 다스리는데 인격적 품성이 부족하면 관리로 임명하지 말아야 한다고 단언했다.[22]

소인은 마음에 두 얼굴을 품고 있다. 겉으로는 환한 얼굴과 뛰어난 말주변, 속으로는 재물을 좋아하면서 기회를 엿보아 음모의 이빨로 군자 찍어내기를 서슴지 않는다. 국가의 흥망성쇄는 인재등용에 달려

---

22 소인이 공로를 세웠을 경우에 군주는 황금과 비단을 내릴지언정 세습작위와 땅을 하사하지 않는다. "師之終, 順之極, 論功行賞之時也. 坤爲土, 故有開國承家之象, 然小人則雖有功, 亦不可使之得有爵土, 但優以金帛可也."(주자의 풀이)

있다. 역사는 항상 인재발탁이 중요하다고 말해주고 있으나, 인간사에서 그것은 말처럼 쉽지 않다.

인재등용에 따른 왕도와 패도

인재등용의 성공여부에 따라 왕도와 패도가 갈린다. 왕도는 정의실현이 그 목표이며, 패도는 곧잘 힘과 법률로 옭아매는 전제주의와 직결된다. 전자는 인간본성에 호소하기 때문에 자칫 이상주의로 흘러 현실감이 뒤떨어진다는 평가가 뒤따랐다. 후자는 날카로운 칼과 군주한 사람에게 집중된 권력 지상주의를 밑바탕으로 하기 때문에 일시적으로는 엄청난 효과를 나타내기도 한다. 패도정치가 오래 가지 않아 멸망당한다는 것은 진시황秦始皇의 말로가 입증하였고, 그 잔혹성은 인류에게 심각한 폐해를 남겼다.

왕도를 걷는 사회에는 도덕이 지켜지는 반면에, 패도는 겉으로는 당근을 내보이면서, 속으로는 채찍을 휘둘러 공포정치를 일삼는다. 왕도를 수호하는 부류는 온건파이지만, 패도를 자랑하는 과격파는 권력자 주변에서 득실거리면서 언로를 차단하는 일을 불문율로 지킨다. 매파는 비둘기파를 역사의 수레바퀴를 뒤로 돌린다고 매도하여 몰아친다. '인사가 만사다'라는 말이 있다. 항상 권력자 주위에 있는 인재가 말썽이다. 군주는 군자를 가까이 하고 소인을 멀리해야 한다.

동곽번간東郭墦間

소인에는 여러 부류가 있으나, 그 중에서 상황에 따라 카멜레온처럼 변신에 능한 이중인격자는 아무도 못말린다. 맹자는 허세 부리는 자와 이중인격자를 경계하라고 경고했다. 목적을 달성하기 위해서 수

단방법을 가리지 않고 온갖 비굴한 행동은 물론 약자에게는 거드름을 피우고 강자에게는 한없이 약한 면모를 보이고서도 부끄러워하지 않는 뻔뻔한 인간상을 고발했다. 다음의 고사성어는 널리 인구에 회자되고 있는 내용이다. 동쪽 성곽 밖에 있는 무덤이라는 '동곽번간東郭墦間'이 바로 그것이다.

"제나라에 아내와 첩과 함께 한 지붕 아래에서 사는 사람이 있었다. 남편이 나가면 반드시 술과 고기를 물리도록 먹고 취해 돌아오곤 했다. 그의 아내가 누구와 함께 술 마시고 먹었느냐고 물으면 모두 돈 많고 벼슬깨나 하는 자들이라고 했다. 그의 아내가 첩에게 '바깥양반이 나갔다 오면 술과 고기를 잔뜩 먹고 마시고 돌아오고, 함께 마시고 먹은 자들이 돈 많고 벼슬깨나 하는 자들이라고 했는데 여지껏 이름난 사람이 와본 적이 없으니, 나는 바깥양반이 외출하는 날 가는 곳을 몰래 알아 보려네'라고 말했다. 일찌감치 일어나 남편이 가는 곳을 은밀히 미행했다. 온 천하를 돌아다니는 걸 보아도 누구와 더불어 얘기하는 사람은 없었다. 마침내 동쪽 성 밖의 무덤에서 제사지내는 사람한테 가서 그들이 먹고 남은 것을 구걸하고, 모자라면 또 돌아보고서는 다른 곳으로 가곤 하였다. 이것이 그가 질리도록 취하고 마시는 방법이었던 것이다. 아내가 집에 돌아와 첩에게 '바깥양반은 우러러 보고 평생토록 함께 살아갈 사람인데 지금 그이는 이 꼴일세'하고 그의 첩과 더불어 자기 남편을 나무라면서 마당 가운데서 서로 부둥켜안고 울었다. 그런데도 남편은 그것을 알 리가 없었다. 밖에서 뻐기면서 돌아와 아내와 첩에게 뽐냈던 것이다. 군자의 안목으로 볼 때는 사람들이 부귀와 영달을 찾아다니는 방법치고는 그들의 아내와 첩이 부끄러워하지 않고, 서로 울지 않는 것이 드물다."[23]

---

23 『孟子』「離婁」下, "齊人, 由一妻一妾而處室者, 其良人, 出則必饜酒肉而後, 反,

인재등용하면 가장 먼저 떠올리는 인물이 있다. 당태종唐太宗 이세
민李世民(598~649)이 바로 그다. 그는 유교의 인의와 도가의 민첩함,
법가의 냉혹함과 병가의 모험심, 종횡가의 실리와 음양가의 신비를 중
정지도中正之道[24]로 압축하여 정치현실에 접목하였다. 그는 인재의 특
성, 성격에 따른 인재의 차별적 등용, 인재의 장단점을 살피는 안목,
인재의 재능에 따른 적재적소의 배치, 권한과 책임을 조화시켜 인재
를 관리하는 지혜, 인격자를 발탁하는 능력, 인재 선발의 방법, 목적
을 달성하는 비결 등에 탁월한 재능을 보였다.[25]

☞ 인재등용이 왕도와 패도를 결정짓는다. 왕도의 목표는
정의실현에 있다.

11. 주역에서 정역으로

정역사상의 연구자 이상룡李象龍은 선후천론의 입장에서 사괘의

其妻問所與飲食者則盡富貴也. 其妻告其妾曰 良人, 出則必饜酒肉而後, 反, 問其
與飲食者, 盡富貴也, 而未嘗有顯者來, 吾將瞷良人之所之也. 蚤起, 施從良人之所
之, 徧中國, 無與立談者, 卒之東郭墦間之祭者, 乞其餘, 不足, 又顧而之他, 此其爲
饜足之道也. 其妻歸告其妾曰 良人者, 所仰望而終身也, 今若此, 與其妾, 訕其良人
而相泣於中庭, 而良人, 未之知也, 施施從外來, 驕其妻妾. 由君子觀之, 則人之所
以求富貴利達者其妻妾, 不羞也而不相泣者幾希矣."

24 어느 한 쪽으로 치우침이 없이 똑바르고 올바름, 혹은 과불급過不及이 없는
상태를 일컬음.

25 이에 대한 궁금증을 풀어주는 책이 있다. 렁칭진/김태성,『변경辨經』(서울:
더난출판, 2003), 20-25쪽 참조.

성격을 다음과 같이 설명한다.

師_는 在文從阜從帀_{이니} 帀_은 周也_요 阜_는 大也_라

大道周遍_{하여} 作之師於天下也_며

又水由地中_{이니} 周帀於大陸之外也_라

盖水土旣平_{이어늘} 新換一番_{이니}

則當有聖人者 作爲君師於天下_{하고}

懲之以軍旅之威_{하고} 敎之以聖神之道_{하여}

率土之濱莫不被法師之化_{하니}

而同軌同道_가 萬億年偃武修文之象也_라

而天地交泰然後_에 君師作人之化_가

可以周遍_{이라} 故次於泰也_라

사는 문자적으로 언덕 부阜와 두루 잡帀의 합성어다. '잡帀'은 보편이요 부阜는 크다는 뜻이다. 대도는 두루두루 알맞기 때문에 천하를 위해 군대(스승)를 만들었으며, 물[水]은 땅에 뿌리를 두기 때문에 대륙 바깥까지 골고루 미친다. 수토水土가 이미 균등의 방식으로 새롭게 혁신되어 성인을 천하의 스승으로 삼고, 군대의 위엄으로 징벌하고, 성신聖神의 도로써 가르쳐 토土가 주재하는 영향력이 군대 규율에 미치지 않는 곳이 없다. 정상적인 궤도로 돌아가는 우주의 원리는 영구토록 문무를 닦는 모습을 담고 있다. 천지가 사귀어 소통한 뒤에 임금과 스승이 사람을 길러내는 교화가 두루 퍼질 수 있다. 그래서 태괘 다음에 오는 것이다.

_{단왈 사 정 장인 길 무구}
象曰 師는 貞이니 丈人이라아 吉코 无咎하리라는

_{사 도 정 정 문 무 병 빈 야}
師道貞正하면 武文幷斌也며

_{능 이 중 정 가 이 왕 의 수 출 지 군 도 야}
能以衆正하면 可以王矣리라는 首出之君道也라

＊「단전」－ "사는 곧음이다. 장인이라야 길하고 허물이 없다"는 것은 군사를 일으키는 도가 올바르면 문무가 빛나고, "능히 무리를 올바르게 하면 왕이 될 수 있다"는 것은 가장 먼저 나오는 임금의 도리를 뜻한다.

_{상왈 군자이 용민휵중}
象曰 君子以하여 容民畜衆하나니라는

_{용 이 교 지 애 이 육 지 야}
容而敎之하고 愛而育之也니라

＊「상전」－ "군자는 이를 본받아 백성들을 널리 포용하고 무리를 길러낸다"는 말은 널리 포용하여 가르치고 사랑으로 길러내는 것을 뜻한다.

_{초육 사 출 이 율 부 장 흉}
初六은 師出以律이니 否면 臧이라도 凶하니라는

_{수 전 지 승 패 야}
水戰之勝敗也라

＊ 초효 － "초육은 군대가 출정하는데 군율로써 해야 한다. 군율을 지키지 않으면 착하더라도 흉하다"는 것은 수전水戰의 승패를

가리킨다.

^{구 이} ^{재 사} ^중 ^길 ^{대 부 행 사 야}
九二는 在師하여 中할새 吉은 大夫行師也요

^{왕 삼 석 명} ^{총 지 이 수 석 야}
王三錫命이로다는 寵之以殊錫也라

＊2효 - "구이는 군대에 있어서 중도를 실행하기 때문에 길하다"
는 것은 대부가 군대를 일으킴이요, '왕이 세 번이나 명을 내린다'
는 것은 총애하여 특별히 내린다는 뜻이다.

^{육 삼} ^{사 혹 여 시} ^흉
六三은 師或輿尸면 凶하리라는

^{수 상 육} ^{무 운 이 거 의}
水上六이 戊運已去矣일새라

＊3효 - "육삼은 군대가 혹 전쟁에 패하여 시체를 수레에 실으면
흉할 것이다"는 것은 물을 의미하는 상효의 무토운戊土運이 이미
지났기 때문이다.

^{육 사} ^{사 좌 차} ^{무 구}
六四는 師左次니 无咎로다는

^{교 화 무 외 이 팔 군 지 동 야}
敎化无外而八軍止東也라

＊4효 - "육사는 군대가 왼쪽으로 후퇴하여 물러남이니, 허물이
없다"는 것은 교화는 끝이 없어 팔군八軍이 동쪽에 머무는 것을
뜻한다.

^{육 오} ^{전 유 금} ^{이 집 언} ^{소 향 무 적 야}
六五는 田有禽이어든 利執言하니라는 所向无敵也요

장 자 솔 사　　주 기 어 후 천 야
長子帥師는 主器於后天也요

제 자 여 시　　　정　　　흉　　　선 천 지 다 문 야
弟子輿尸하면 貞이라도 凶하리라는 先天之多門也라

＊ 5효 – "육오는 밭에 새가 있거든 포획하라고 말하는 것이 이롭
다"는 것은 가는 곳마다 적이 없다는 것이요, '장자가 군대를 통
솔한다'는 것은 후천의 주인공이라는 것이며, "제자가 시체를 실
으면 올바르더라도 흉하다"는 것은 선천에는 수많은 길이 있다는
뜻이다.

상 육　　대 군　　유 명　　개 국 승 가
上六은 大君이 有命이니 開國承家에

소 인 물 용　　　　성 현 군 왕　　명 지　　　승 지
小人勿用이니라는 聖賢君王이 命之하면 承之하니

소 인 도 소 야
小人道銷也라

＊ 상효 – "상육은 대군이 내린 명령이 있어, 나라를 열고 가업을
이어감에 소인을 등용하지 말라"는 것은 성현인 군왕이 명령을
내리면 받들고, 소인의 도가 녹아 없어지는 것을 뜻한다.

雷水解卦

우리네 인생에는 수많은 위험과 고난이 도사리고 있다。위험에서 벗어나는 길은 두 가지가 있다。하나는 시간을 기다리는 것이고、다른 하나는 스스로의 힘으로 위험을 돌파하는 경우다。고난은 정면으로 돌파하라。어려울수록 용기를 가지고 바쁘게 움직여 고난을 떨쳐낼 수 있다는 것이 해괘의 가르침이다。

Chapter 3

뇌수해괘雷水解卦
질곡으로부터의 해방

1. 대립과 갈등의 해소 : 해괘

정이천은 수산건괘水山蹇卦(䷦) 다음에 뇌수해괘(䷧)가 오는 이유를 다음과 같이 말한다.

해　사 괘　건 자　난 야　물 불 가 이 종 난
解는 序卦에 蹇者는 難也니 物不可以終難이라

고 수 지 이 해
故受之以解라 하니라

물 무 종 난 지 리　　난 극 즉 필 산
物无終難之理하니 難極則必散이라

해 자　산 야　소 이 차 건 야
解者는 散也니 所以次蹇也라

위 괘 진 상 감 하　　진 동 야　감 험 야
爲卦震上坎下하니 震은 動也요 坎은 險也니

動어험외 출호험야
動於險外면 出乎險也라

고 위 환 난 해 산 지 상   우 진 위 뢰   감 위 우
故爲患難解散之象이며 又震爲雷하고 坎爲雨하니

뇌 우 지 작   개 음 양 교 감   화 창 이 완 산
雷雨之作은 蓋陰陽交感하여 和暢而緩散이라

고 위 해   해 자   천 하 환 난 해 산 지 시 야
故爲解라 解者는 天下患難解散之時也라

해괘는 「서괘전」에 '건은 어려움이니 사물은 끝끝내 어려울 수
없으므로 해괘로 이어받았다'라고 했다. 사물은 끝까지 어려운 이
치가 없으니, 어려움이 극단에 이르면 반드시 흩어진다. 해는 흩
어짐이니 이런 까닭에 건괘의 다음이 되었다. 괘의 형성은 진이
위에 있고 감이 아래에 있으니, 진은 움직이요 감은 험난함이니,
험난함의 밖에서 움직이면 험난함으로부터 나올 수 있다. 그러므
로 환난이 풀려 흩어지는 모습이 되며, 또한 진은 우레가 되고 감
은 비가 되니, 우레와 비가 일어남은 음양이 서로 교감하여 화창
해서 풀어지고 흩어지기 때문에 '해'가 된 것이다. 해는 천하의 환
난이 해산하는 때이다.

해괘는 위가 우레[震:☳]이고, 아래는 물[坎:☵]로서 꼬였던 것이 하
나도 남김없이 풀린다는 뜻이다. 앞의 건괘蹇卦를 180° 뒤집어엎으면
해괘가 된다. 이는 상황이 역전되었음을 반영한다. 또한 음양의 대립
관계가 해소되어 화해와 통일의 단계로 접어드는 것을 의미한다. 그래
서 「서괘전」은 건괘의 어려움 뒤에 사물은 끝내 고난으로 마치지 않
고 풀린다고 했다. '해'는 해방, 해탈, 해산, 해소, 해결, 해원, 해빙 등 예
전에 맺히고 얽혔던 문제들이 하나둘씩 해결된다는 뜻이다.

수뢰둔괘水雷屯卦가 물 속에서 우레가 미처 나오지 못하는 생명탄

생의 어려움을 상징한다면, 해괘는 우레가 물 밖으로 솟구쳐나와 우렁차게 소리치는 모습이다. 전자는 생명이 모체 속에서 꿈틀거려 움직이지만 밖으로는 험난함이 도사리고 있어 평안하지 못한데 비해, 후자는 안으로는 비록 험난하지만 밖으로는 활발히 움직여 어려움이 말끔히 해소되는 양상이다.

해괘는 꽉 막혔던 것이 뚫리고, 갇혔던 것이 풀려 어려움이 차츰 물러나는 이치를 설명하고 있다. 사방을 꽁꽁 얼어붙게 만들었던 추위는 입춘과 우수를 지나 해빙되어 봄기운이 소생한다. 이것이 바로 자연의 이치이다. 사회적으로는 온갖 갈등과 모순과 대립이 점차 해체되면서 자유와 평화를 누리는 상황이 전개되는 것을 말한다. 자연에서는 겨울이 봄으로[冬 → 春], 가치로는 흉이 길[凶 → 吉]로, 인생사로는 어려움이 쉬움[難 → 易]으로 탈바꿈되는 원리를 표상하고 있는 것이 해괘다.

2. 해괘 : 어두웠던 시대의 묵은 정신을 털어버려라

★ 解_해는 利西南_{이서남}하니 无所往_{무소왕}이라

其來復_{기래복}이 吉_길하니 有攸往_{유유왕}이어든 夙_숙하면 吉_길하리라

해는 서남이 이로우니 갈 곳이 없다. 와서 회복함이 길하므로 갈 곳이 있으면 빨리 하면 길할 것이다.

앞의 건괘蹇卦에서는 '서남방은 이롭고, 동북방은 불리하다'고 한

것을 해괘는 '동북방이 불리하다'는 내용을 삭제하였다. 왜냐하면 불리한 상황이 호전되어 서남방이 이롭고, 더 이상 나빠질 것이 없기 때문이다. 어두웠던 과거가 청산되어 새로운 환경이 조성되었으므로 묵은 정신을 털어내면 된다는 것이다.

'갈 곳이 없다[无所往]'는 두 가지 해석이 가능하다. 하나는 뒤 구절과 연결시켜 갈 곳이 없기 때문에 돌아와야 한다는 것이고, 다른 하나는 최상의 상황이기 때문에 더 이상 나아갈 곳이 없다는 뜻이다. 우리는 후자를 겨냥한다. 왜냐하면 서남방이 이롭다는 것은 문왕팔괘도의 이른바 곤도坤道의 새로운 세상을 지향하기 때문이다. 괘사는 특별이 '길吉'이라는 글자를 두 번 제시하여 할 일이 없음을 강조한 점이 돋보인다. 그것은 산악지방보다는 평지가 살기 좋다는 지리적 개념의 안전지대를 뜻하지 않는다.

문왕팔괘도를 상수론적으로 분해하여 보면 더욱 명료하다.

[문왕팔괘도]

(2곤 + 9이 + 4손 + 7태) + (1감 + 6건 + 8간 + 3진) = 22 + 18 = 40 이라는 등식이 성립한다. 여기서 '40'은 무극대도가 활짝 펼쳐지는 의미에서 { 완전수 100 − (하도의 중궁수 15 + 낙서의 중궁수 5) } ÷ 음양 2 = 40(四象^{사상}의 작용수)의 수리적 구조를 갖는다. 이런 연유에서 뇌수해괘가 『주역』에서 40번째의 자리잡는 것이라 하겠다.

'와서 회복함[其來復^{기 래 복}]'은 원래의 자리로 돌아옴을 뜻한다. 그것은 제자리에서 뜀박질하는 단순운동이 아니라 원을 한 바퀴 돌아 원래의 자리로 복귀함을 가리킨다. 동양의 자연관이 순환론임을 설명하는 대목이다. '갈 곳이 있다[有攸往^{유 유 왕}]'는 것은 아직도 처리해야 할 문제가 있다는 뜻이고, 그것은 재빨리 해결하는 것[夙^숙]이 좋다.

위험과 고난은 친구 사이처럼 가깝다. 위험에 빠졌다고 움츠려서는 안 되고, 움직여야만 위험에서 벗어날 수 있다. 어려울수록 용기를 가지고 바쁘게 움직여 고난을 떨쳐내야 하는 것이 생활의 지혜다. 고난은 정면으로 돌파하라. 험난한 상황을 애써 외면하거나, 주저앉는다면 일은 더욱 꼬이기 마련이다.

'서남이 이롭다'는 말은 상생의 방향으로 나아가면 공동이익을 찾을 수 있다는 뜻이다. 서남은 문왕괘에서 곤괘의 방위다. 곤괘는 생명의 어머니인 땅을 상징한다. 대지처럼 포근하고 안정된 방법으로 대처하면 여러 사람의 마음을 사로잡아 대중의 지지를 모을 수 있다(8괘중에서 효의 수가 가장 많은 것이 곤괘坤卦다).

'중中'을 얻었다는 말은 해괘의 주효가 2효라는 뜻이다. 해괘의 주효는 2효와 5효이지만, 앞의 건괘의 주효가 5효라는 사실을 고려하면 해괘의 주효는 2효이다. 건괘와 해괘는 괘의 형상과 성격과 뜻이 상반된다. 건괘는 5효만이 고난의 시기를 대비하는 올바른 방법을 터득했다면, 해괘는 2효만이 고난에서 벗어난 뒤에 올바른 처세의 방법을 제시하고 있는 점이 대비된다.

따라서 고난을 헤쳐나가는 방법이 다를 수밖에 없다. 건괘는 위로 올라가라[上行] 권고했고, 해괘는 돌아오는 것[下行]이 올바른 방법이라고 했다. 왜냐하면 전자의 주효는 5효이고, 후자의 주효는 2효이기 때문이다. 특히 해괘의 2효는 양효가 음자리에 있는 까닭에 강유를 겸비하여 유연한 방법으로 신속하게[夙] 강력한 힘을 행사하므로 수많은 공로를 세울 수 있는 것이다.

☞ 어려운 때일수록 고난을 극복할 수 있는 신념과 신속한 조치가 필요하다.

3. 단전 : 자연의 패턴은 갈등의 해소를 지향한다

* 象曰解는 險以動이니 動而免乎險이 解라
　　　단왈해　험이동　　동이면호험　해

解利西南은 往得衆也요 其來復吉은 乃得中也요
해이서남　득왕중야　기래복길　내득중야

有攸往夙吉은 往有功也라
유유왕숙길　왕유공야

天地解而雷雨作하고 雷雨作而百果草木이
천지해이뇌우작　뇌우작이백과초목

皆甲坼_{하나니} 解之時大矣哉_라

개 갑 탁　　　해 지 시 대 의 재

단전에 이르기를 해는 험난함으로 움직이므로 움직여서 험난함을 면하는 것이 곧 해이다. '해는 서남이 이로움'은 가서 무리를 얻음이요, '와서 회복함이 길하다'는 것은 이에 중을 얻음이요, '갈 곳이 있어 빨리 하면 길하다'는 것은 가서 공이 있음이다. 천지가 풀림에 우레와 비가 일어나고, 우레와 비가 일어남에 백과초목이 모두 활짝 열려 나오므로 해의 때가 위대하도다.

해괘는 풀림의 계절을 표상한다. 하늘과 땅은 우렁찬 우레와 비를 쏟아 붓는 방식으로 교감한다. 천둥과 비는 만물을 소생시켜 지상에 존재하는 초목의 씨앗을 싹트게 하는 신비로운 힘을 발휘한다. 해괘는 아련하고 정겨운 봄의 생동감을 느끼게 한다. 봄에 초목이 깊은 잠에서 깨어나 기지개를 켜면서 생명이 움트기 시작한다. 갑탁甲坼이란 씨앗이 처음으로 벌어져 생명이 제 모습을 드러내려는 시초를 뜻하는 말이다.

'해解'는 종자가 벌어져 싹이 최초로 트는 것 이외에도 오랫동안 얽혔던 어려운 일이 차츰 풀리는 시간을 뜻한다. 예컨대 『주역』 하경의 시작인 부부의 결합을 상징하는 31번째 함괘咸卦에서 열 단계(열 달)를 거쳐서 40번째 해괘에 이르러 아기가 출생한다. 그것은 자연의 섭리에 의거하여 괘의 배열과 순서가 결정된 것을 의미한다.

『주역』은 무엇을 목표로 삼는가. 이는 무엇을 다루는가의 문제와 연계되어 있다. 『주역』은 자연 속에 내장된 일정한 패턴을 투영하고 있다. 자연에 숨겨진 패턴은 그 무엇 하나 수수께끼가 아닌 것이 없다.

『주역』은 자연에서 관찰되는 패턴이나 보편적 규칙의 배후에 숨어 있는 원리와 구조들을 간접적으로 설명하고 있다. 그것은 시간의 직선적 흐름과 순환으로 나타난 결과물이다. 그래서 「단전」은 해괘의 핵심을 시간의 위대함으로 찬탄하고 있는 것이다.

☞ 자연을 움직이게 하는 시간의 정신이 위대하다.

4. 상전 : 죄의 댓가를 도덕으로 교화하라

상 왈 뇌 우 작   해   군 자 이   사 과 유 죄

* 象曰 雷雨作이 解니 君子以하여 赦過宥罪하나니라

상전에 이르기를 우레와 비가 일어나는 것이 해니, 군자는 이를 본받아 허물을 용서하고 죄는 감형해준다.

「상전」은 괘의 모습을 가지고 괘의 성격과 의미를 풀었다. 상괘는 우레이고, 하괘는 비를 뜻하는 물이다. 우레가 치고 비가 내리는 것은 만물을 소생시키는 봄이 산뜻하게 다가왔음을 의미한다. 우레는 위엄과 위세를, 때에 맞춰 내리는 비는 만물에게 베푸는 윤택에 비유된다. 이처럼 천지가 우레와 비를 내리는 현상을 보고 군자는 너그러운 용서의 지혜를 배운다.

환경이 새로워지면 마음 역시 새로워지기 마련이다. 우레는 위에서 하늘을 울리고, 비는 땅을 촉촉이 적셔 만물을 아래에서 위로 싹트게 만든다. 군자와 위정자는 이를 본받아 가혹한 형벌은 줄이고, 은혜는 더욱 늘려 사회의 안정을 되찾는다. 반대로 형벌을 가중하고, 은혜를

줄인다면 사회는 경직되어 숨통이 막힐 것이다. 허물이 있는 자는 용
서하고, 죄인에게는 관용을 베풀어야 한다. 하찮은 허물은 사면해주
어야 마땅하고[赦過], 죄는 최대한 덜어서 감형해주어야 한다[宥罪].
사형은 무기징역으로, 중벌은 경범으로, 경범은 집행유예로 풀어주는
대사면령을 단행할수록 사회안정이 강화될 수 있다.

시대를 초월하여 법의 역사는 관용과 엄정이라는 양칼을 사용했
다. 혁명을 통해 새롭게 집권한 세력마저도 국정의 쇄신과 민심의 안
정을 위해 사면령을 내려 사회의 갈등을 해소시키는 정책을 펼쳤다.
웬만한 잘못은 너그럽게 용서하고 관대한 법집행을 펼쳐 민심의 동요
를 막았고, 사회의 질서와 안녕을 깨뜨리는 죄인은 발본색원하여 범
죄와의 전쟁을 최소화했던 것이다.

☞ 허물이 있는 자는 용서하고, 죄인에게 관용을 베풀어 사
회안정을 도모해야 한다.

---

5. 초효 : 강유의 감응은 천지의 의리[義]

★ 初六은 无咎하니라

象曰 剛柔之際라 義无咎也니라

초육은 허물이 없다. 상전에 이르기를 강과 유가 사귀는 즈음이
므로 의리를 지켜 허물이 없다.

『주역』384효 중에서 해괘 초효의 효사가 가장 간단하다.[26] 해괘의 초효는 모든 것이 원천에서 새롭게 시작하는 자리이다. 초효는 음이 양자리에 있으나[不正^{부정}], 4효와 상응하여 만사가 풀리고 해결되기 때문에 허물이 없다.

초효는 백성들의 소박한 삶을 얘기한다. 백성은 강자와 지배자의 틈바구니에서 주어진 삶을 충실히 살아가는 까닭에 큰 욕심을 부리지 않는다.『주역』은 음양의 상응을 최고의 가치로 꼽는다. 하괘의 가장 낮은 자리에 살면서 상괘인 4효의 지시에 순응하는 까닭에 가슴에 의리를 품어 의심하지 않는다.

☞ 자연사와 문명사를 꿰뚫는 원리는 음양의 감응이다.

6. 2효 : 중용과 정직으로 소인을 감화시켜라

* 九二^{구 이}는 田獲三狐^{전 획 삼 호}하여 得黃矢^{득 황 시}니 貞^정하여 吉^길토다

象曰^{상 왈} 九二貞吉^{구 이 정 길}은 得中道也^{득 중 도 야}일새라

구이는 사냥해서 세 마리의 여우를 잡아 누런 화살을 얻으니 올바르게 해서 길하도다. 상전에 이르기를 '구이는 올바르게 해서 길함'은 중도를 얻었기 때문이다.

---

26 이밖에도 天地否卦 2효의 '六三은 包羞로다', 雷風恒卦 2효의 '九二는 悔亡하리라', 雷天大壯卦 2효의 '九二는 貞하야 吉하니라', 重澤兌卦 상효의 '上六은 引兌'가 있다.

2효는 양이 음자리에 있으나[不正], 하괘의 중도를 지켜 5효와 감응을 이룬다. 한층 중용의 위력을 실감하는 대목이다. 전田은 밭을 가리키는 글자가 아니라, '사냥하다[佃]'는 동사로 새겨야 한다. 여우는 의심 많은 아주 교활한 동물이다. 여우를 사냥한다는 말은 부정부패를 일소하고, 사회악을 뿌리뽑아 건강한 사회를 만들기 위한 대청소 작업을 상징한다. 사회를 좀먹는 죄인을 그냥 둔다면 악의 구렁텅이로 확산될 것이다.

평안한 사회를 들쑤셨던 여우 세 마리를 잡았다는 것은 꼬였던 사회문제가 말끔이 해결[解]됐다는 뜻이다. 해괘에서 여우는 무엇을 가리키는가? 이에 대한 해석은 두 가지가 있다. 하나는 중도인 5효를 제외한 초효와 3효와 상효의 음을 가리키며, 다른 하나는 음이 양자리에 있고 하괘의 중도를 지나쳤으며, 음양이 상응하지 않는 3효를 가리킨다. 즉 3효는 미꾸라지 한 마리가 둠벙을 온통 흙탕물로 만드는 청산의 대상이다.

2효가 세 마리의 여우를 잡은 다음에 누런 화살을 얻었다. 화살은 곧다[直]. 화살이 곧지 않으면 곡사포처럼 포물선을 그리면서 앞으로 나아가기 때문에 표적을 정확히 맞출 수 없다. 화살은 소인을 다스리는 적절한 방법이 바로 '중도'와 '곧음'임을 지적하는 용어다. 그래서 효사는 2효가 부정위不正位지만, 올바름[貞 = 正]으로 처신해야 길하다고 했던 것이다.

'황黃'는 오행에서 중앙의 색깔이고, 화살은 곧게 나아가[直] 표적에 꽂힌다[中直]. 세상이 어수선한 까닭은 중도를 잃고 정직하게 살지 않기 때문이다. 군자가 소인을 감화시키는 덕목은 중용과 정직임을 가르치고 있는 것이다.

☞ 사회정화는 중용의 보편화를 통해 가능하다.

7. 3효 : 진리의 경계를 들여다보는 도둑이 되라

★ 六三은 負且乘이라 致寇至니 貞이라도 吝이리라

象曰 負且乘이 亦可醜也며 自我致戎이어니

又誰咎也리오

육삼은 짐을 지고 또한 올라탐이다. 도적을 불러들임이니 올바르더라도 인색할 것이다. 상전에 이르기를 '짐을 지고 또한 타는 것'은 역시 추한 것이며, 나로부터 도적(군사)을 이르게 했으니 또 누구를 허물하리요.

3효는 2효가 지적한 여우이다. 또한 음이 양자리에 있고, 하괘의 끝자락에 있기 때문에 매우 불안하고, 하괘에서 상괘로 넘어가기 직전의 혼돈상태이다. 3효는 온갖 부정한 짓을 저지르는 망난이다.『주역』에서 음은 여자이고 양은 남자다. 3효는 여자가 2효 남자를 타고 있고, 4효 남자를 짊어지고 있는 형상이다. 짐꾼이 짐을 등에 맨 채[負] 최고급 승용차까지 올라탔으니[乘] 꼴불견이 아닐 수 없다.

예전에는 등짐을 소인이 짊어졌고, 군자가 수레 타는 일이 정상였다. 그런데 소인이 무거운 짐을 지고, 군자의 수레를 타고 있으므로 도적을 스스로 불러들이는 꼴이다. 소인은 음의 신분으로 양의 자리에 있으므로 정도를 어겼고[不正位], 양의 신분인 2효를 밟고서 다시 4효의 양을 따르고 있으니 소인이 마구 설치는 형상을 드러내고 있다.

3효는 이미 남의 것을 빼앗아 자신의 것으로 바꾼 장물애비이다. 장물에 눈이 먼 또다른 도적이 눈독을 들인다. 도적이 다른 도적놈을 불러들이는 악순환의 연속이다. 재앙을 스스로 일으켜 그칠 날이 없다[致寇至]. 이런 일은 아름답지 못한 추한 짓이다. 누구를 탓할 수 있겠는가. 분수를 모르고 까분 일이니 원망도 할 수 없다. 제가 저지른 일은 스스로가 감당할 수밖에 없는 것이다.

칼로 일어선 자는 칼로 망하고, 도둑이 도둑놈 심보를 가장 잘 안다는 말이 있다. 태어날 때부터 소인과 군자가 정해진 것은 아니다. 소인도 배우고 실천하면 군자가 될 수 있고, 군자가 타락하면 소인으로 변질된다. 문제는 소인이 군자의 소임을 탈취하여 남용하고 폭력을 행사함으로써 사회를 불행의 나락으로 빠뜨리는데 있다. 공자는 욕심의 화신인 소인의 어리석음을 탄식하고 있다.

"공자가 말씀하시기를 '역을 지은 자는 도둑의 심보를 들여다본 것이로구나!' 역에 이르기를 '마대를 둘러메고 말까지 탔으니 도적을 불러들이는 꼴이다' 하니 둘러메는 것은 소인의 일이요, 타는 것은 군자의 그릇(도구)이니, 소인이 군자가 타는 말을 타고 있음이다. 도적이 빼앗을 것을 생각하며, 위를 거만하게 하고 아래를 포악하게 다룬다. 도적이 칠 것을 생각하니 창고 지킴을 게을리함은 도적을 가르치는 것이며, 얼굴을 예쁘장하게 꾸미는 것은 치한을 불러들이는 것이므로 역에 이르기를 '마대를 둘러메고 말까지 탔으니 도적을 불러들이는 꼴이다' 하니, 그것은 도적을 스스로 초래한 것이다."[27]

도적에는 좀도둑과 정의로운 도둑이 있다. 전자는 남의 것을 훔치는 얌체라면, 후자는 일지매나 홍길동과 같은 정의로운 도적[義賊]이다. 해괘에서 말하는 도적은 밤도둑인가, 아니면 진리의 경계를 들여다본 도적인가? 공자는 이 세상이 둥글어가는 이치를 남보다 재빨리 그리고 정확하게 읽어내는 눈을 가진 존재를 도적이라 비유했다. 그러니까 소인의 품성으로 군자만이 실행할 수 있는 정도를 넘보는 행위는 나쁘다[貞吝]는 것이다.

> ☞ 이 세상이 존재하는 이유와 과정과 목적을 알아야 세상을 구원할 수 있다.

8. 4효 : 해빙 시기에도 소인은 반드시 솎아내야

★ 九四는 解而拇면 朋至하여 斯孚리라

象曰 解而拇는 未當位也일새라

---

27 「계사전」상편, 8장, "子曰 作易者其知盜乎인저 易曰負且乘이라 致寇至라 하니 負也者는 小人之事也오 乘也者는 君子之器也니 小人而乘君子之器라 盜思奪之矣며 上을 慢코 下를 暴라 盜思伐之矣니 慢藏이 誨盜며 冶容이 誨淫이니 易曰負且乘致寇至라 하니 盜之招也라"

구사는 너의 엄지발가락에서 풀면 벗이 이르되 이에 미덥다. 상전에 이르기를 '너의 엄지발가락에서 푸는 것'은 위치가 마땅하지 않기 때문이다.

4효는 양이 음자리에 있고[不正]^{부정}, 초효와 상응한다. 초효가 양이고, 4효가 음일 때 이상적인 관계이므로 이 둘은 비뚤어진 관계다. '이而'는 너you이고, '무拇'는 엄지발가락이다. 4효는 5효 임금의 밑에서 보좌하는 신하의 자리이다. 조정에는 간신이 들끓어서는 안 되기 때문에 신하는 간신을 솎아내야 마땅하다.

학자들은 4효를 해석할 때, '엄지발가락[拇]^무' 또는 '풀면[解]^해'에 초점을 맞추어 풀이하는 경우가 있다. 전자에 따르면 초효와 긴밀한 관계를 유지하면 좋은 상황이 올 것이고, 후자에 따르면 나쁜 친구인 3효와의 교제를 단절하면 좋은 벗이 생길 것이라는 것이다. 즉 선수가 준비운동할 때는 가벼운 스트레칭에서 시작하는 것처럼 몸의 밑바닥인 발가락부터 풀어야 머리까지 시원해질 수 있다는 얘기이다. 또한 소인의 대명사인 3효와의 관계를 끊어야 좋은 친구인 2효가 다가와 신뢰감이 형성될 수 있다는 것이다.

하지만 4효는 양이 음자리에 있고 상괘의 중도에 미치지 못하고[不中]^{부중}, 신하 곁에는 3효를 비롯한 소인배들이 수두룩한 것을 형용한다. 소인은 발가락에 붙은 묵은 때와 같은 존재이다. 세상의 필요악을 도려내지 않으면 평안을 기대할 수 없다. 소인은 생존을 위해 무리를 짓는다. 군자를 모함하여 외톨이신세로 만드는 특기를 발휘할 뿐만 아니라 동료와 이간질시켜 발목을 묶는데 뛰어나다.

애당초 4효는 양이 음자리에 있고[不正], 상응하는 초효마저도 음이 양자리 있기 때문에[不正] 부정으로 얼룩져 있다. 하나를 싹둑 잘라내기 이전에는 좋은 친구들이 다가올 수 없다. 소인과의 교제는 스스로 끊어야 한다. 다른 누가 대신 끊어줄 수 없기 때문이다.

☞ 세상의 필요악을 도려내야 평안을 기대할 수 있다.

9. 5효 : 소인에 대한 감화가 사회기강 확립의 첫걸음

* 六五는 君子維有解면 吉하니 有孚于小人이리라

象曰君子有解는 小人의 退也라

육오는 군자가 스스로 풀음이 있으면 길하니, 소인에게도 믿음이 있을 것이다. 상전에 이르기를 '군자가 푼다'는 것은 소인이 물러감이다.

5효는 음이 양자리에 있으나[不正], 2효와 상응한다. 군자 앞에는 풀어야 할 수많은 난제가 놓여 있다. 순위와 경중을 따져 무너진 사회의 기강을 바로잡아야 한다. 국가는 위정자가 어떤 마음을 먹느냐에 달렸다. (위정자)군자가 풀으니 소인에게도 혜택이 돌아간다.

진실로 5효는 시대의 주인공이다. 시대의 주체인 군자는 사회악인 소인들을 뿌리 뽑아야 하는 책무가 있다. 초효, 3효, 상효의 음(소인)이 제거되어야 사회가 맑아질 수 있다. 지도자는 인재양성도 중요하지만, 썩은 관료를 도려내야 하는 막중한 소임이 있다. 조정에 군자가 많아지면 많아질수록 소인은 설 자리가 없다.

☞ 『주역』은 소인들이 판치는 세상이 사라지기를 희망한다.

10. 상효 : 소인배와 부정부패의 척결은 단숨에 이뤄야

★ 上六은 公用射隼于高墉之上하여
獲之니 无不利로다
象曰 公用射隼은 以解悖也라

상육은 공자가 높은 담 위의 새매를 쏘아 잡으니, 이롭지 않음이 없도다. 상전에 이르기를 '공자가 새매를 쏘는 것'은 거스르는 것을 풀음이다.

상효는 음이 음자리에 있으나[正], 실권을 쥔 임금의 자리는 아니더라도 존경받는 공직자[公]에 해당된다. 그는 임금의 스승, 고문 자격으로서 임금을 보좌하는 측근이다. '매[隼]'는 새를 잡아먹는 독한 새로서 세상을 해치는 깡패와 폭력배와 악랄한 소인을 상징하며, '높은 담'은 충분한 시간을 들여 갖춘 알찬 준비를 상징한다.

새매는 요리조리 법망을 피해가면서 백성을 괴롭히는 소인배 또는 토착 관리를 뜻한다. 새매는 단 한 번에 쏘아서 죽여야 한다. 새매는 3

효 혹은 3효를 비롯한 나머지 효들을 가리킨다. 높은 담 위에 있는 새매를 쏘아서 잡았다는 것은 사회악을 일으키는 두목을 구속했다는 말이다. 부정부패의 원흉을 잡아들였기 때문에 안정을 되찾을 수 있다. 새매를 잡기 위해서는 화살이 있어야 하는 것처럼 매사에는 준비가 철저해야 한다. 땀 흘린 자는 스스로 얽히고 맺혔던 매듭을 풀 수 있다.

공자는 해괘의 중요성을 거듭 설명하였다.

> 역에 이르기를 "지도자[公, 임금]가 높은 언덕에서 매를 쏘아 잡으니 이롭지 않음이 없다"라 하니 공자가 말씀하시기를 "새매는 새요, 활과 화살은 그릇(수단으로서의 무기)이요, 쏘는 것은 사람이니, 군자가 그릇을 몸에 간직해서 때를 기다려 움직이면 어찌 이롭지 않음이 있겠는가. 움직임에 막히지 않는다. 이 때문에 나아가서 얻음이 있나니 그릇을 이룬 후에 움직이는 것을 말함이다."[28]

☞ 소인배에 대한 경계는 잠시도 소홀해서는 안 된다.

---

28 「계사전」하편 5장, "易曰 公用射隼于高墉之上하야 獲之니 无不利라 하니 子曰 隼者는 禽也오 弓矢者는 器也오 射之者는 人也니 君子藏器於身하야 待時而動이면 何不利之有리오 動而不括이라 是以出而有獲하나니 語成器而動者也라"

11. 주역에서 정역으로

정역사상의 연구자 이상룡李象龍은 해괘의 성격을 다음과 같이 설명한다.

解字는合角刀牛三字이니 以刀解牛之義라

故傳曰解牛而鍔刀不鈍이라 하니라

爲卦與屯正相反하니 雷動於下則爲屯難未亨하고

雷奮於上則爲解析和暢이라

其唯動激出險水하여 折退邊之時也라

而軍旅之久勞于外者가 以時解還일새니

故此卦次於旅也라

"'해'는 뿔 각角과 칼 도刀와 소 우牛라는 세 글자가 결합하여 칼로 소를 분해한다는 뜻이므로 「전傳」에서는 '소를 부위별로 나누었어도 칼날이 무뎌지지 않은 것이다'라고 했다. 괘의 구성은 둔괘屯卦와 상반된다. 우레가 아래에서 움직이면 둔이 곤란하여 형통하지 못하고, 우레가 위에서 분발하면 풀리거나 나뉘어 화창해지는 것이다. 그것은 오직 급격하게 움직여 위험한 곳에서 나와 물이 꺾이고 물러나는 한계의 시간을 뜻한다. 군대가 오랫동안 바깥에서 힘들게 야영할 때 시간이 흘러 흩어져 돌아가기 때문에 해괘가 여괘旅卦 다음을 이은 것이다.

象曰 解는 利西南은 澤注西南也요

无所往이라 其來復이 吉은

天一生水하여 而水窮反本也요

有攸往이어든 夙하면 吉하리라는

道有當行이니 宜早習之也라

* 단전- '서남이 이롭다'는 것은 연못물이 서남쪽으로 흐른다는 뜻이며, "갈 곳이 없다. 와서 회복함이 길하다"는 것은 천일天一이 물을 낳아 물이 궁극에 이르면 근본으로 돌아간다는 뜻이며, "갈 곳이 있으면 빨리 하면 길할 것이다"는 것은 길에는 마땅히 가야 할 길이 있는데, 일찍부터 숙달해야 한다는 것이다.

象曰 君子以하여 赦過宥罪하나니라는 許其自新也라

* 상전- "군자는 이를 본받아 허물을 용서하고 죄는 감형해준다"는 말은 스스로 새로워지는 것을 허락한다는 뜻이다.

初六은 无咎하리라는 動於地中也일새라

* 초효- '허물이 없다'는 말은 땅 속에서 움직이기 때문이다.

九二는 田獲三狐하여는 爰定三方也요

得黃矢는 貞하여 吉토다는 獲此土沃하여 旣富且穀也라

* 2효-"사냥해서 세 마리의 여우를 잡는다"는 말은 세 방향에서 결정된다는 뜻이다. "누런 화살을 얻으니 올바르게 해서 길하다"는 것은 이 흙이 기름져 부자가 될 수 있고 많은 곡식을 얻는 것을 뜻한다.

육삼 부차승 치구지
六三은 負且乘이라 致寇至는

험암거상 적래혁지야
險暗居上하여 敵來革之也라

* 3효-"짐을 지고 또한 올라탐이다. 도적을 불러들임이다"는 것은 위험하고 어두운 것이 위에 거처하여 적이 와서 바꾼다는 뜻이다.

구사 해이무 출험안행 여박사해야
九四는 解而拇이며는 出險安行하여 如縛斯解也라

붕지 사부 여류상신야
朋至하여 斯孚리라는 與類相信也라

* 4효-'너의 엄지발가락에서 푼다'는 것은 위험한 곳에서 나와 안전하게 행동하는 것이 마치 속박당한 것이 풀리는 것을 말한다. '벗이 이르러 이에 미덥다'는 말은 무리와 함께 서로 믿는 것을 뜻한다.

육오 군자유유해 길 유부우소인
六五는 君子維有解면 吉하니 有孚于小人이라는

개제군자 해분추신야
愷悌君子가 解紛推信也라

* 5효-"군자가 스스로 풀음이 있으면 길하니, 소인에게도 믿음이 있을 것이다"는 것은 용모가 화락하고 단아한 군자가 어지러운

것을 풀어서 믿게 만든다는 뜻이다.

상 육 공 용 사 준 우 고 용 지 상   획 지 무 불 리
上六은公用射隼于高墉之上하여獲之니无不利로다는

지 구 평 이 동 소 불 선 야
地球平而動掃不善也라

* 상효- "공자가 높은 담 위의 새매를 쏘아 잡으니, 이롭지 않음이
없다"는 말은 지구가 평평해지므로 움직여서 착하지 않은 것을
제거함을 뜻한다.

重火離卦

동양문화는 두 개의 축으로 이루어진다。하나는 밝음의 문화와 어둠의 문화가 바로 그것이다。밝음과 어둠은 하나의 기둥의 두 끝이다。리괘는 태양의 밝은 문화를 대변한다。그것은 하괘와 상괘 모두가 불로 이루어져 있다。문자적 의미에서 리離는 떠나다、붙다、밝고 빛난다는 세 가지의 뜻이 있다。리괘가 말하는 리離는 두 양이 붙어서 밝고 빛나는 문명이 수립되는 것을 시사하고 있다。

Chapter 4

중화리괘重火離卦
어둠에서 밝음으로

1. 새로운 질서로의 몸짓 : 리괘

정이천은 중수감괘重水坎卦(䷜) 다음에 중화리괘重火離卦(䷝)가
오는 이유를 다음과 같이 말한다.

리　서괘　감자　함야　함필유소리
★ 離는 序卦에 坎者는 陷也니 陷必有所麗라

고　수지이리　리자　리야
故受之以離하니 離者는 麗也라 하니라

함어험난지중
陷於險難之中이면

즉필유소부리　리자연야
則必有所附麗는 理自然也니

리소이차감야
離所以次坎也라

리　리야　명야
離는 麗也요 明也니

취 기 음 리 어 상 하 지 양　　즉 위 부 리 지 의
取其陰麗於上下之陽이면 **則爲附麗之義**요

취 기 중 허　　즉 위 명 의
取其中虛면 **則爲明義**라

리 위 화　　화 체 허　　리 어 물 이 명 자 야
離爲火하니 **火體虛**하니 **麗於物而明者也**요

우 위 일　　역 이 허 명 지 상
又爲日하니 **亦以虛明之象**이라

리괘는 「서괘전」에 '감은 빠짐이니 빠지면 반드시 붙는 바가 있
다. 그러므로 리괘로 받았으니, 리離는 붙음이다'라고 하였다. 험
난한 가운데에 빠지면 반드시 붙는 바가 있음은 이치의 자연스러
움이니, 리괘가 이런 까닭에 감괘 다음이 된 것이다. '리'는 붙음
이요 밝음이니 음이 상하의 양에 붙은 것을 취하면 붙음의 뜻이
되고, 가운데 허함을 취하면 밝은 뜻이 된다. 리는 불이 되니 불
의 실체는 비었으니 사물에 붙어 밝은 것이며, 또한 해가 되니 역
시 허명의 모습이다.

　상경의 마지막 괘는 불[火^화]로 이루어진 리괘離卦다. 상경은 천지天
地로부터 시작해서 수화水火로 매듭짓는 천도天道원리를 설명하고 있
다. 천도의 구체적 내용은 천지수화론天地水火論이다. 감괘坎卦(☵)
가 하늘의 아들인 물水에 대한 설명이라면, 리괘離卦는 땅의 딸(☲)
이기 때문에 2효의 음이 중심[主爻^{주효}]이 되고 있다.

　리괘離卦는 하괘와 상괘 모두가 불로 이루어져 있다. 문자적 의미에
서 '리離'는 떠날 리, 붙을 리, 밝고 빛난다는 세 가지의 뜻이 있다. 리
괘가 말하는 리離는 음과 양이 붙어서[29] 밝고 빛나는 문명이 수립되

---

29 선후천론에서의 양陽 선천先天, 음陰 후천後天(캘린더로는 선천은 태음, 후
천은 태양)이라는 조양율음調陽律陰의 과정을 거친 정음정양正陰正陽의 세계.

는 것을 시사하고 있다.

밝음과 어둠은 하나의 기둥의 두 끝이다. 즉 한 기둥의 양끝이 밝음과 어둠인 것이다. 기둥은 밝음과 어둠으로 지탱된다. 어느 하나가 결핍되면 다른 하나도 저절로 기우뚱거릴 수밖에 없다.

자연만 변하는 것이 아니라 인간을 비롯하여 역사 등 모든 것들이 변화한다. 생명체는 시간의 먹이감이다. 시간은 유형 무형의 모든 것을 마구 먹어치운다. 시간 앞에는 천하장사도 소용없다. 시간은 변화를 수반하기 때문이다. 밤과 낮이 서로 바뀌면서 순환한다. 그리하여 밝음과 어둠은 하나의 싸이클을 이루면서 돌아간다. 음양의 시작과 끝이 대극성을 이루면서 순환한다. 양괘인 감괘와 음괘인 리괘는 서로가 시작과 끝이 되어 한없이 돌아간다.

생명 잉태의 집인 북방의 감괘가 안으로 믿음을 굳게 다지는 형상이라면, 생명이 활짝 꽃피는 남방의 리괘는 밖을 환하게 비추는 형상이다. 불은 태양이다. 동서양 원시신화의 원형은 태양숭배였다. 태양은 스스로의 에너지를 자급자족하는 유일한 천체로서 자신을 불태우면서 다른 생명체를 살찌운다. 그래서 태양은 영원한 생명의 불꽃으로 불리었던 것이다. 불의 생명 에너지는 어마어마한 저주일 수도 있지만, 질적인 비약을 가져오는 행운일 수도 있다.

리괘는 질적인 변화가 양적인 변화를 가져온다는 메시지를 전달한다. 천도의 내부구조인 율려도수가 작동함으로써 (자연현상에는) 가시적인 양적 변화로 나타난다는 것이다. 그것은 대격변 혹은 대재앙으로 끝나는 종말론이 아니라, 새로운 질서가 세워지려는 일종의 몸짓이다. 물리적 힘에 의한 변화를 통해서 한 달은 30일로 드러나는 극적인 전환을 얘기하는 것이 리괘의 가르침이다.

역도수逆度數의 발동으로 인해 세상은 온통 질곡의 나날로 이어지는 가운데에서도 '믿음[孚]'을 잃지 말라고 감괘坎卦는 가르쳤다. 이를 이어서 리괘離卦는 '극즉반極則反의 원리'에 따라 희망을 노래한다. 따라서 우리는 리괘離卦를 해석하는데 있어서 캘린더 구성의 근원적 근거에 포인트를 맞추어야 할 것이다. 그 이유는 괘사에서 설명하고 있다.

2. 리괘 : 축판의 세상을 향하여

★ 離는 利貞하니 亨하니 畜牝牛하면 吉하리라

리離는 바르게 함이 이롭고 형통하니, 암소(와 같은 유순함)를 기르면 길할 것이다.

리괘의 주효主爻는 2효다. 2효는 음자리에 음이 있고[正] 하괘의 중앙[中]에 있다. 리괘 2효의 뿌리는 곤괘 2효다. 왜 리괘의 2효가 곤괘에서 비롯되었을까. 건곤괘가 부모라면, 감리괘는 중남중녀의 괘이다. 리괘는 위아래가 양효로 둘러싸인 2효가 음효다. 그것은 촛불이 밝게 타는 형상과 유사하다. 2효는 가운데가 비어 있다. '비어 있음[空]'은 만물을 빚어내는 무형의 궁극적 근거이다. 이것이 바로 음양조화의 신비인 것이다.

곤괘에서는 유순한 동물인 '소[牛]'를 얘기했다. 소는 지지地支로는 축丑이다. 이는 선천이 '자子'의 세계라면, 후천은 '축丑'의 세계임을 암시하는 대목이다.

☞ 올바름을 굳게 지키고, 유순함을 기르는 일이 밝음[離]으로 형통하는 길이다.

3. 단전 : 정음정양의 세계상

★ 彖曰 離는 麗也니 日月이 麗乎天하며
   단왈 리   리야   일월   리호천

  百穀草木이 麗乎土하니
  백곡초목   리호토

  重明으로 以麗乎正하여
  중명   이리호정

  乃化成天下하나니라
  내화성천하

  柔麗乎中正故로 亨하니 是以畜牝牛吉也라
  유리호중정고   형   시이휵빈우길야

단전에 이르기를 리는 붙음이니 해와 달이 하늘에 붙어서(밝게 빛나며), 백곡과 초목은 흙[土]에 붙으니 거듭 밝음으로써 올바른 데에 붙어 천하를 조화하여 완수한다. 부드러운 것이 중정에 붙는 까닭에 형통하니 이로써 암소를 기르면 길하다.

리괘는 하나의 음이 두 양 사이에 걸린(붙어 있는) 형상으로서 밝게 빛난다[文明]는 뜻이 함축되어 있다. 천지가 생긴 이래로 선후천을 막론하고 해와 달이 하늘에 붙어 있는 현상은 지극히 당연한 사실이며, 백곡초목이 땅에 붙어 있는 것도 당연한 이치이다. 그러면 하필 '땅[地^지]'이라 하지 않고 왜 '흙[土^토]'이라 했을까? 상식적으로 보아서 위를 '하늘[天^천]'이라 했으면, 아래는 마땅히 '땅[地^지]'이라고 하는 것이 문법적으로도 매끄럽다. 이것이 바로 수수께끼다. 여기서의 '토土'는 십미토十未土를 가리킨다.

그래서 하늘의 세계가 '거듭 밝아짐으로써[重明^{중 명}]' 올바른 세계로 정착되어[麗乎正^{리 호 정}] 천하를 조화造化로써 완성시킨다는 발언이 뒤따른 것이다. 태양의 속성은 밝음이고 그 이미지가 바로 '해'인 것이다.

일반적 의미에서는 하괘도 밝고 상괘도 밝음이니까 두루뭉실하게 '이중의 밝음'이라고 풀이하는 경우가 허다하다. 아무리 『주역』의 가르침이 평범한 것에 기초하고 있더라도, 그 밑바탕에는 치밀한 논리 체계와 이치가 담겨 있음을 알아야 한다.

하괘의 2효는 음이 음자리에 있기 때문에 올바르고[正^정], 또한 하괘의 중효中爻인 까닭에 중도의 길을 걷는다. 그리고 상괘의 5효는 음이 양자리에 있는 까닭에 비록 올바르지 않지만[不正^{부 정}], 상괘의 중효中爻인 까닭에 중도中道[30]를 걷는다. 2효와 5효가 결합하면 중정中正이므로 형통할 수밖에 없는 것이다. 그러니까 새로운 축판丑板[31](암소=牝牛^{빈 우})으로 열릴 정음정양正陰正陽의 세계, 즉 곤도坤道로 펼쳐질 새로

---

30 中은 正을 내포할 수 있으나, 正은 中을 내포할 수 없다.

31 『도전』 5:155:4, "子여 子여 하늘이 열리고, 丑이여 丑이여 땅이 열리도다. 寅이여 寅이여 사람이 일어나고 卯여 卯여 기묘하도다.(子兮子兮天開하고 丑兮丑兮地闢이라. 寅兮寅兮人起하니 卯兮卯兮奇妙로다)"

운 세상은 길하다고 한 것이다.

> ☞ 일월은 천지에 근거하여 변함없는 항상성[中]과 올바름^중
> [正]을 지향하면서 운행한다.^정

4. 상전 : 대인- 천지의 속살을 드러내는 선각자

★ 象曰 明兩이 作離하니^{상 왈 명 양   작 리}

大人이 以하여 繼明하여 照于四方하나니라^{대 인   이   계 명   조 우 사 방}

상전에 이르기를 밝은 것 둘이 리離를 지었으니, 대인은 이를 본
받아 밝음(밝고 밝은 이치)을 계승하여 사방에 비춘다.

건괘의 2효가 변하여 생긴 것이 바로 13번 째 천화동인괘天火同人
卦라면, 건괘의 5효가 변하여 생긴 것이 14번 째 화천대유괘火天大有
卦이다. 따라서 건괘의 2효와 5효가 동시에 변해서 생긴 것이 리괘離
卦이므로 '밝다'는 말이 두 번이나 언표된 것이다. 이런 관점에서 보면
'대인大人'은 건괘 5효에 나오는 대인이라 하겠다.

그러면 '밝음이 두 개[明兩]'는 어떻게 해석할 것인가? 달력에는 음^{명 양}
력陰曆과 양력陽曆이 있듯이, 역에는 윤역閏易(=閏曆)과 정역正易(=^{윤 역}
正曆)이 있다. 윤역의 세계이든 정역의 세계이든 간에 태양은 언제나^{정 역}
밝은 빛을 쏟아낸다. 천지개벽 이래로 언제나 밤은 어둡고 낮은 밝았
다. 자연사는 음양의 규칙적 교체인 밤낮의 기록이고, 우주사는 윤역

과 정역의 역사이다. 왜 선천에는 음양의 관계가 기우뚱한 불균형이었으며, 또한 음양은 어떤 과정을 거쳐 분리되었는가의 문제가 김일부의 최대 관심사였다. 윤역은 1년 360일[32]에 5¼일이라는 시간의 꼬리가 덧붙여진 세계이고, 정역은 1년 365¼일에서 5¼일의 시간의 꼬리가 떨어져 나간 캘린더이다. 따라서 '두 개의 밝음이 리괘를 만들었다[明兩, 作離]'는 말은 조양율음調陽律陰(음양의 근원적 재조정)의 과정을 거쳐 윤역과 정역이 하나로 붙어 일치된다고 해석하는 것이 옳다.

대인이 본받는 밝음[繼明]의 대상은 현재 우리가 사용하는 캘린더의 구체적인 구성법칙을 밝히라는 의미가 아니다. 그것은 그 이면에 숨겨진 정역의 이치, 즉 천지의 속살이 드러나는 광명의 세계를 밝히라는 뜻이다.

> ☞ 대인은 밝음의 이치인 천도를 본받아 밝은 덕으로 세상을 교화해야 한다.

5. 초효 : 천도에 대한 공경심

★ 初九는 履錯然하니 敬之면 无咎리라

32 음양력의 기준은 360일이다. 양력은 360을 기준으로 약 5일 정도 남고(플러스), 음력 또한 약 5일 정도 모자란다(마이너스). 현재는 360일에서 대략 5¼일이라는 시간의 꼬리[閏曆]가 생겼다. 그러니까 각각 플러스 마이너스 방향으로 5일이 작동하는 시스템이 현행의 캘린더다. 그러니까 360은 플러스 방향이든 마이너스 방향이든 5일 이상의 범위를 넘지 않도록 중앙에서 조정하는 시간의 파수꾼[正曆]인 셈이다.

상 왈 리 착 지 경　이 피 구 야
象曰 履錯之敬은 以辟咎也라

초구는 밟는 것(신발)이 뒤섞였으니 공경하면 허물이 없을 것이다. 상전에 이르기를 '밟는 것이 뒤섞였으니 공경함'은 허물을 피하려 함이다.

초효는 막 밝은 세상으로 되어가려는 과정의 첫 단계이다. 아직은 정리정돈이 제대로 되지 않았기 때문에 신발[履]이 뒤섞여 엉망진창된 모습이다. 그러니까 내면적으로 삼가 공경하는 태도를 유지하여 미래의 사태에 대비하라는 교훈이다.

내면적으로 공경한다고 할 때, 불교와 명상가들이 외치는 내면으로의 여행을 떠나 '내가 신神이다' 또는 '신이 곧 나이다'라는 유심론적인 신비의 경지에 도달하라는 말이 아니다. 그것은 천도(하늘의 소리, 즉 진리)에 대한 경건성을 가지고 항상 준비된 자세를 확보하라는 뜻이다. 그러면 암울한 상태에서도 허물을 피할 수 있다는 것이다.

☞ 공경한 자세로 일을 시작하고, 미래에 대비하라.

6. 2효 : 땅 위에 펼쳐지는 하늘의 뜻

육 이　황 리　원 길
* 六二는 黃離니 元吉하니라

상 왈 황 리 원 길　득 중 도 야
象曰 黃離元吉은 得中道也라

육이는 황색의 빛남에(붙음이니) 크게 길하다. 상전에 이르기를 '황색의 빛남이니 크게 길하다'는 것은 중도를 얻었기 때문이다.

2효는 음이 음자리에 있고, 하괘의 중용이다. 상수론에서 중용이 란 하도낙서의 중앙 '토土'를 뜻한다. 중앙의 5토와 10토의 색깔은 누렇다. 2효는 하늘의 불이 땅으로 내려와 좋은 징조를 보인다. 즉 하늘의 뜻이 지상에서 이루어짐을 암시하고 있다.

곤괘 5효에서는 '황중통리黃中通理'라 했다. '가장 으뜸가는 최적의 정황[元吉]'이라는 개념도 곤괘 5효에서 비롯되었다. 그러므로 리괘 2효는 곤괘 5효에서 온 것이다. 이런 의미에서 불은 땅의 딸인 것이다.

☞ 중용의 실천은 상서로움으로 직결된다

---

7. 3효 : 선후천의 변화

★ 九三은 日昃之離니
不鼓缶而歌면 則大耋之嗟라 凶하리라
象曰 日昃之離 何可久也리오

구삼은 해가 기울어져 붙음이니 장구를 치고 노래하지 않으면 노쇠한 늙은이의 탄식함이라 흉할 것이다. 상전에 이르기를 '해가 기울어져 붙음'이 어찌 오래 가겠는가.

3효는 양이 양자리에 있고, 하괘에서 상괘로 넘어가기 직전의 상태에 있기 때문에 매우 불안정하고 어두운 내용으로 가득 차 있다. 여기서는 황혼기에 접어든 80대 늙은 노인의 슬픔을 얘기하고 있지만, 그 배후에는 자연의 변화가 도사리고 있음을 유의해야 한다.

감괘 4효에서는 질그릇 부缶를 제시하고 있는데 비해, 리괘 3효에서는 장구 부缶[33]를 언급한다. 감괘坎卦는 믿음의 대상인 절대자에게 정성스레 제사 올리는 것을 말하며, 리괘離卦는 선천에서 후천으로 넘어가기 직전에 장구를 치면서 마음 속 깊은 곳부터 흥에 겨워 노래하는 심정을 토로하고 있다.

'해가 기울어지는 때의 걸림[日昃之離일측지리]'에서 해가 기울어진다는 뜻은 하루의 저녁 무렵이거나 혹은 태양운행의 변동을 시사하는 발언이다. 왜 '걸림[離리]'이란 용어가 뒤에 붙을까? 그것은 원래 기울어졌던 태양권 천체운행이 정상적인 운동으로 전환되는 것을 암시한다. 구체적으로 말해서 윤역閏曆이 정역正曆으로 바뀐다는 내용이 바로 3효의 요지인 것이다.

'어찌 오래 갈 수 있겠는가'라는 말은 천체운동의 변화가 눈 깜짝할 사이에 일어나는 순간적인 변동을 의미한다. 질적인 변동은 어느 날 갑자기 일어나는 사태를 지적한 내용으로서 그것은 급격하고도 대규모로 이루어지는 선후천변화의 내용을 예시한 것이라 할 수 있다.

---

33 缶는 '午와 山'의 합성어다. 이는 午火가 未土로 바뀌는 시간대에 접어들었으며, 아울러 정역팔괘도의 艮方(艮은 山이기 때문)에서 이루어짐을 시사한다.

8. 4효 : 공포로 다가오는 대재앙

★ 九四_는 突如其來如_라
<small>구 사 돌 여 기 래 여</small>

焚如_니 死如_며 棄如_{니라}
<small>분 여 사 여 기 여</small>

象曰 突如其來如_는 无所容也_{니라}
<small>상 왈 돌 여 기 래 여 무 소 용 야</small>

구사는 돌연히(문득, 갑자기) 오는 듯이 온다. 불사른 듯, 죽은
듯, 버려진 듯 할 것이다. 상전에 이르기를 '갑자기 오는 듯이 온
다'는 것은 용납할 바가 없는 것이다.

자연의 변화는 아주 긴박하게도 갑자기 닥쳐와서[突如], 모든 것
을 태우고[焚如], 죽은 시체가 계곡을 가득 채우는 것과 흡사하여
[死如] 하늘이 모든 것을 포기한 것 같은[棄如] 실제상황으로 묘사
하고 있다. 무섭다고 하지 않을 수 없는 공포의 대재앙이다.

3효에서 4효로 건너가는 시점이기 때문에 '올 래來자'가 씌었다. 과
연 대재앙은 어디서 오는 것일까? 그것은 아무도 모른 채 다가온다. 하
늘의 재앙은 자연현상의 조짐으로 나타난다.[34] 그것은 시초부터 엄청
난 파괴력을 갖는 징험인 것이다.

---

34 "천지는 말이 없으되 오직 뇌성과 지진으로 표징하리라."(『도전』 5:414:8)

'용납되는 것은 어디서도 찾을 수 없고, 용서의 대상이 없다[无所容]'는 뜻은 무엇인가? 선천이 후천으로 바뀔 때 일어나는 질적 변화는 양적 변화를 수반하므로 아무도 그것을 비껴갈 수 없다. 그러한 변화는 천지의 섭리에서 비롯된 우주의 보편적 변화현상이기 때문에 종교와 신분과 성별과 국적, 선악 등을 초월하여 심판한다[35]는 뜻이다.

주자朱子는 3효를 '앞의 밝음', 4효를 '뒤의 밝음'이라고 추상적으로 말한 바 있다.[36] 그는 간접적 어투로 선후천변화에 대해서, 아무런 예고 없이 갑자기 물밀 듯이 오는 것으로 추상적으로 말했다. 정역사상 역시 이를 원론적 차원에서 언급하고 있다. 하지만 증산도사상은 너무도 생생한 사실로써 전달하고 있다.

> ☞ 하늘이 내리는 재앙은 누구도 비껴갈 수 없는 종말현상이다.

---

35 『도전』 8:62:3-4, "천지의 大德이라도 春生秋殺의 恩威로써 이루어지느니라. 의로움[義]이 있는 곳에 道가 머물고, 도가 머무는 곳에 德이 생기느니라." 불교는 죽음을 화두로 삼아 죽음의 공포로부터 해탈한 영원한 삶을 꿈꾸어 살생을 터부시하는 종교이다. 그러나 증산도의 '春生秋殺'의 근본정신은 영원히 살리기 위한 전제조건으로서의 '죽임'을 뜻한다. 다시 말해 분열로 치닫는 모든 생명체의 죽임을 막고, 통일된 보편적 '살림'을 위한 숭고한 정신을 내포하는 패러독시컬한 논리이다.

36 "(九三)重離之間, 前明將盡, 故有日昃之象. … (九四)後明將繼之時, 而九四以剛迫之, 故其象如此."

9. 5효 : 지도자의 위엄

* 六五_는 出涕沱若_{하며} 戚嗟若_{이니} 吉_{하리라}
육오   출 체 타 약   척 차 약   길

象曰 六五之吉_은 離王公也_{일새라}
상 왈 육 오 지 길   리 왕 공 야

육오는 눈물이 나옴이 물흐르듯 하며 슬퍼하고 탄식하니 길할
것이다. 상전에 이르기를 '육오의 길함'은 왕공에 붙어 있기 때
문이다.

대부분의 번역서들은 한결같이 음이 양자리에 있는 임금은 마땅히
천하와 백성을 위해서 노심초사 걱정하고 성심껏 최선을 다하는 자세
로 풀이한다.

하지만 왜 눈물을 흘리면서까지 슬퍼하고 탄식하는지에 대한 물음
에 대해서는 시원스런 대답이 없다. 눈물을 흘리고 슬퍼하고 탄식하
는 행위는 가슴에서 사무치는 믿음으로부터 우러나오는 영혼의 울음
이다. 또한 자신의 힘으로는 눈 앞에 벌어지는 어려움을 극복하기가
불가능하다고 판단하여 결국에는 슬퍼하고 탄식한다고 해석해야 옳
다. 따라서 선후천변화에 대한 시각이 전제되지 않고는 평범한 윤리
도덕적 수준의 번역에 머물고 말 것이다.

리괘의 주효는 2효인 까닭에 2효에서는 '원초적인 좋음[元吉]'이라
했으며, 5효에서는 단순히 '좋음[吉]'이라 했다. 그것은 2효가 신하의
자리이면서도 중도(주효主爻인 동시에 음이 음자리를 지키는 양상)로써
5효를 보필하기 때문이다.

☞ 두려워할 줄 아는 영혼의 울음 뒤에는 좋은 일이 기다린다.

10. 상효 : 지도자의 통치- 천하사

★ 上九상구는 王用出征왕용출정이면 有嘉유가니
折首절수코 獲匪其醜획비기추면 无咎무구리라

象曰상왈 王用出征왕용출정은 以正邦也이정방야라

상구는 왕이 출정하면 좋은 일이 있으니, 우두머리를 치되 잡는 것이 그 무리가 아니면 허물이 없을 것이다. 상전에 이르기를 '왕이 출정함'은 천하를 바로잡기 위함이다.

상효는 리괘의 마지막이자 『주역』 상경을 끝맺는 중요한 자리이다. 각 괘의 상효는 좋지 않은 일로 끝나는 내용이 대부분인데도 불구하고 리괘의 상효는 예외로서 '허물이 없다'거나 '천하가 안정될 것'이라는 긍정적인 말로 장식하고 있다.

왕이 천하사를 위해 몸소 정치현실에 뛰어드는 사건 자체부터가 지극히 중대하고 아름다운 일이다. 직접 출정해서 혼란을 일으키는 무리들을 진압시켜 민심을 안정시키되, 그 주동자만 처벌하고[折首절수], 명령에 죽고사는 조무래기까지 모조리 징벌하지 않기 때문에 허물이 없을 것이라고 단정했다.

왕이 직접 군사행동에 참여하는[親政친 정] 까닭은 작게는 국가안정을 도모하고, 넓게는 천하사를 관장하여 평화를 이루려는 것에 목적이 있다.

☞ 천하사를 위해 직접 현장에 뛰어드는 지도자는 칭찬받아 마땅하다.

---

11. 주역에서 정역으로

정역사상의 연구자 이상룡李象龍은 리괘의 성격을 다음과 같이 설명한다.

離는 在文從离從雉니 雉는 物之火類也라
리 재문종이종치 치 물지화류야

离는 象六爻陰陽之老少動變也라
리 상육효음양지노소동변야

爲卦上有先天之日과 下有后天之日로
위괘상유선천지일 하유후천지일

日一而已也나 而生成數度는
일 일이이야 이생성수도

各不同於先后天之理也니라
각부동어선후천지리야

且天地日月有差過於數度는 則必推測而正之라
차천지일월유차과어수도 즉필추측이정지

故次於小過也니라
고차어소과야

'리'는 문자적으로 짐승 또는 산신 리离와 불[火화]을 상징하는 꿩치穉의 합성어다. 리离는 6효가 노음, 노양, 소음, 소양으로 운동 변화하는 상象이다. 리괘의 상괘는 선천의 태양을, 하괘는 후천의 태양을 표상하는데 태양은 하나일 뿐이다. 만물을 생성시키는 도수는 각각 선천과 후천의 이치가 다르다. 또한 천지와 일월이 운행하는 도수가 다르다는 것을 밝혀야 하므로 소과괘 다음에 놓은 것이다.

象曰離는 利貞이니 亨하니 畜牝牛하면 吉하리라는

日月貞明이니 丑會之吉運也라

＊「단전」－"'리'는 올바르게 함이 이롭고 형통한다. 암소를 기르면 길할 것이다"는 일월이 올바르게 빛나는 축회丑會의 길운을 뜻한다.

象曰大人이 以하여 繼明하여 照于四方하나니라는

天下歷一하여 明无不照也라

＊「상전」－"대인은 이를 본받아 밝음을 계승하여 사방에 비춘다"는 말은 천하의 역법이 통일되어 그 밝음이 비추지 않은 곳이 없다는 뜻이다.

初九는 履錯然하니 敬之면 无咎리라는

道雖不同이나 誠敬何咎乎리오

＊ 초효－"발자국이 뒤섞였으니, 공경하면 허물이 없다"는 것은

비록 도가 다를지언정 정성을 다하고 공경하면 어찌 허물이 있겠는가.

六二_는 黃離_니 元吉_{하니라는}
<small>육 이 황 리   원 길</small>

火熾文明_{이니} 地政大吉也_라
<small>화 치 문 명   지 정 대 길 야</small>

* 2효- "황색의 빛남이니(걸림, 붙음이니), 크게 길하다"는 밝은 불기운 문명을 일으켜 땅의 정사政事가 크게 길하다는 것이다.

九三_은 日昃之離_니 不鼓缶而歌_면
<small>구 삼   일 측 지 리   불 고 부 이 가</small>

則大耋之嗟_라 凶_{하리라는}
<small>즉 대 질 지 차   흉</small>

歷數窮而欲終_{이니} 雖善必敗也_라
<small>역 수 궁 이 욕 종   수 선 필 패 야</small>

* 3효- "해가 기울어져 걸림이니, 장구를 두드려 노래하지 않으면 노쇠한 늙은이의 탄식함이라. 흉할 것이다"는 하늘에 새겨진 역수曆數가 다하여 마칠 즈음에는 비록 선善하더라도 반드시 쇠퇴할 것이라는 뜻이다.

九四_는 突如其來如_라 焚如_니 死如_며 棄如_{니라는}
<small>구 사 돌 여 기 래 여   분 여   사 여   기 여</small>

應天乘幾_{하여} 氣焰赫懍也_라
<small>응 천 승 기   기 염 혁 름 야</small>

* 4효- "돌연히 오는 듯이 온다. 불사른 듯, 죽은 듯, 버려진 듯할 것이다"는 말은 하늘에 부응하여 기틀을 타고 불기운이 왕성하고 엄숙한 모양이다.

六五는 出涕沱若하며 戚嗟若이니 吉하리라는

宗社不覆也라

* 5효– "눈물이 줄줄 흘러내리며 슬퍼하고 탄식하니, 길할 것이다"라는 말은 종사宗社가 군건함을 얘기한다.

上九는 王用出征이면 有嘉는 天吏之順時也요

折首코 獲匪其醜면 无咎는 誅其君而弔其民也라

* 상효– "왕이 출정하면 좋은 일이 있을 것"이란 말은 관료가 천시天時에 순응하는 것이며, "우두머리를 치되 잡는 것이 무리가 아니면 허물이 없을 것이다"라는 말은 임금을 죽이고 백성들에게 애도를 표하는 것이다.

天澤履卦

리履는 실천하다、이행하다、밟는다、걷는다는 뜻이 있다。천택리괘는 풍천소축괘風天小畜卦와 똑같이 다섯 개의 양과 한 개의 음으로 이루어져 있다。조그만 것 하나가 다섯 개를 멈추게 한다고 해서 소축小畜이라 했고、조그만 것 하나가 다섯 개를 빼아간다고 해서 리履라고 하는 것이다。위에 하늘이 있고 아래에 연못이 있는 것은 바꿀 수 없는 상하의 질서를 상징한다。이러한 우주 질서에 맞추어 실천하는 덕목이 바로 예禮이다。

Chapter 5

천택리괘天澤履卦
예의 실천을 통해 고난을 돌파하라

1. 예의 바른 행동은 인간됨의 도리 : 리괘

정이천은 풍천소축괘風天小畜卦(☰☴) 다음에 천택리괘(☰☱)가 오는
이유를 다음과 같이 말한다.

履리는 序卦서괘에 物畜然後有禮물축연후유례라 故受之以履고수지이리라 하니라

夫物之聚부물지취면 則有大小之別高下之等美惡之分즉유대소지별고하지등미악지분하니

是物畜然後有禮시물축연후유례니 履所以繼畜也리소이계축야라

履리는 禮也예야니 禮예는 人之所履也인지소리야라

爲卦天上澤下위괘천상택하하니 天而在上천이재상하고

^{택 이 처 하} ^{상 하 지 분} ^{존 비 지 의}
澤而處下는 上下之分과 尊卑之義니

^{리 지 당 야} ^{예 지 본 야} ^{상 리 지 도 야} ^{고 위 리}
理之當也요 禮之本也요 常履之道也라 故爲履라

^리 ^{천 야 자 야} ^{리 물 위 천}
履는 踐也藉也니 履物爲踐이요

^{리 어 물 위 자} ^{이 유 자 강} ^{고 위 리 야}
履於物爲藉니 以柔藉剛이라 故爲履也라

^{불 왈 강 리 유 이 왈 유 리 강 자} ^{강 승 유} ^{상 리}
不曰剛履柔而曰柔履剛者는 剛乘柔는 常理니

^{부 족 도}
不足道라

^고 ^{역 중} ^{유 언 유 승 강} ^{불 언 강 승 유}
故로 易中에 唯言柔乘剛하고 不言剛乘柔라

^{언 리 자 어 강} ^{내 견 비 순 열 응 지 의}
言履藉於剛하니 乃見卑順說應之義라

리괘는 「서괘전」에 '사물이 축적된 뒤에 예가 생기기 때문에 리
괘로 이어받는다'고 했다. 대저 사물이 모이면 크고 작음의 구별
과 높고 낮음의 등급과 아름다움과 추함의 구분이 있다. 이는 사
물이 모인 뒤에 예가 있는 까닭에 리괘가 소축괘의 뒤를 이어받
은 것이다. 리라는 것은 예인데, 예는 사람이 실천하는 것이다. 괘
의 형성은 하늘이 위에 있고 연못이 아래에 있으니, 하늘이 위에
있고 연못이 아래에 처한 것은 상하의 구분과 존비의 의리이므로
이치의 마땅함이요, 예의 근본이요, 떳떳하게 행해야 할 도이기
때문에 '리'라 한 것이다. '리'는 밟음이요 깔림이다. 물건을 밟음
은 실천이요 물건에게 밟힘은 깔림이므로 부드러움이 강함에 깔
렸으므로 '리'라고 한 것이다. 강함이 부드러움을 밟았다고 말하
지 않고 부드러움이 강함에게 밟혔다고 말한 것은 강함이 부드러
움을 타는 것은 떳떳한 이치이므로 말할 것이 없다. 그러므로 역

가운데 오직 부드러움이 강함을 탄 것만을 말했고, 강함이 부드러움을 탄 것은 말하지 않았던 것이다. 강함에게 밟히고 깔렸으니, 바로 낮추고 순응하며 기뻐하여 순응하는 뜻을 나타낸 것이다.

밟을 리[履]가 명사일 때는 '신발'을 뜻하며, 동사일 경우에는 '길을 걷는다'는 뜻이다. 길에는 여러 가지가 있다. 등산길과 뱃길이 있는가 하면 사람이 마땅히 걸어야 할 길이 있다. 동물에게는 정글의 법칙이 통용되지만, 도덕의 삶은 없다. 인간이 걷는 윤리의 길은 시대정신이 반영된 도덕적 규범으로 이루어져 있다. 그것이 바로 예의와 법도이다. 문화와 문명이 발달하면 할수록 의례와 법률도 복잡해지기 마련이다. 법률은 모두 지켜야 할 지엄한 당위성을 넘어서 타율성이 있다. 법률의 지엄함이 똑바로 서야 한다는 것이 곧 법가사상의 요체인 것이다.

상괘는 하늘(☰)이고, 하괘는 연못(☱)이다. 리履는 실천하다, 이행하다, 밟는다, 걷는다는 뜻이 있다. 천택리괘天澤履卦는 풍천소축괘風天小畜卦와 똑같이 다섯 개의 양과 한 개의 음으로 이루어져 있다. 조그만 것 한 개가 다섯 개를 멈추게 한다고 해서 '소축小畜'이라 했고, 조그만 것 한 개가 다섯 개를 밟아간다고 해서 '리履'라고 하는 것이다.

『주역』 10번 리괘(☱)의 구조에서 위에 하늘이 있고 아래에 연못이 있는 것은 우주가 생겨난 이래로 바꿀 수 없는 상하의 질서이다. 이러한 상하의 질서에 맞추어 실천하는 덕목이 바로 '예禮'이다. 「계사전」하편 7장은 리괘履卦의 총론적 성격에 대해서, 예절은 사람이 살아가는 근본이므로 '덕德의 기본'이라 하였다.[37] 상하의 음양이 서로를 원하는 것은 욕심이 아니라 존재론적 욕망이다. 음양은 상대방을 자신 속에 통합흡수하기 위해서가 아니라 자신을 상대방에게 연계시키기 위해 서로를 원한다. 음양이 서로 원함으로써 음은 양을 낳고 양은 음을 낳는다.[38] 역의 세계는 천지만물이 서로를 욕망하면서 상호의존적으로 얽혀 있는 세계이므로 이런 세계의 내적 질서인 리는 표면적으로는 모든 욕망하는 것들의 상호의존적 얽힘 혹은 상관성 Correlative의 질서를 가리킨다.[39]

2. 리괘 : 예를 실천하여 험난한 인생을 극복하라

★ 履虎尾라도 不咥人이라 亨하니라
  리 호 미   부 질 인   형

　호랑이 꼬리를 밟더라도 사람을 깨물지 않으니 형통한다.

괘사에서 이례적으로 괘의 명칭을 언급하지 않는 것은 리괘履卦와

---

37 「계사전」하편 7장은 9덕괘 원리를 설명한다. 9덕괘 중의 하나가 履卦이다. 9덕괘는 낙서의 9궁원리와 일치한다. 낙서원리는 『書經』 "洪範九疇"에 처음으로 나타난다. 『서경』은 직접 홍범구주가 낙서라고 규정하지 않지만 그 내용은 낙서원리와 동일하므로 상수원리와 주역사상이 별도의 이론이라고 단정해서는 안 된다. 홍범구주는 『孟子』에서 말하는 고대의 토지제도인 '정전법井田法'의 근간이 되었던 이론이다. 김일부는 서경과 주역과 한의학이론을 종합하여 정역사상을 완성시켰던 것이다.

38 최진덕, 「욕망과 예, 그리고 몸의 훈련—소학을 중심으로」, 『유교의 예와 현대적 해석』(서울: 청계, 2004), 175-176쪽 참조.

39 A. C. 그레이엄/이창일, 『음양과 상관적 사유』(서울: 청계, 2002), 9-13쪽 참조.

동인괘同人卦와 관괘觀卦와 간괘艮卦가 있다. 그것은 실천과 단합과 깨달음과 머물음이라는 인간의 주체적 행위를 강조하고 있기 때문으로 보인다. 특히 예의 원리를 말하는 리괘履卦는 상하의 분리, 귀천의 구분 등 분화의 원리를 다루고 있다.

잠자는 사자의 수염과 호랑이 꼬리를 건들지 말라는 얘기가 있다. 공연히 긁어 부스럼을 만들지 말라는 뜻이다. 하지만 우리네 인생살이는 항상 위험에 노출되어 있다. 모험심이 강한 이를 제외하고는 이미 인간으로 태어난 사태 자체가 호랑이 꼬리를 밟고 있는 운명이다.[40] 그만큼 인생은 고난의 행군이다. 인간은 어려운 고통 속에서 일정한 의례를 통해 자신을 변화시키는 과정에 익숙해야 한다.

먼저 인생의 목표를 굳건히 세워 세속의 유혹에 물들지 않고, 가슴

---

40 박홍호, 『多夕 柳永模의 유교사상(下)』(서울: 문화일보, 1995), 154-155쪽 참조. "혹시 나만은 범 꼬리를 밟는 진퇴양난의 모진 운명에 놓여지지 않기를 바라겠지만, 이미 태어난 자체가 범의 꼬리를 밟은 것이다. 조만간 범과 대결하지 않을 수 없다. 그 범이 바로 석가가 말한 범[苦老病死]이다. 사람들은 인생의 운명을 알고 싶어 한다. 그래서 어리석게도 운수의 점을 치러가기도 한다. 바보스럽게 남에게 물으러 다닐 것이 무엇인가. 범 꼬리를 밟아 범에 물려가는 운명인 것이다. 점을 쳐주는 그 사람도 범에 물려가는 처지에 남의 운수를 점친다는 것은 웃기는 일이다. 제 운수도 감당 못하면서 남의 운수에 관심을 가진다는 것인가. 수많은 사람들은 이러한 사실도 모른 채 행복이란 잠꼬대만 하고 있다. 스스로가 범[苦老病死]의 잔등 위에 놓여 있는 것을 어렴풋이 깨닫고는 있다. 그리고 우리는 지구라는 호랑이 잔등 위에 태워져 달리고 있는 것이다. 조만간에 호랑이 뱃속(땅속)에 들어가게 되어 있다. 이 사실을 모른 체하려고 할 뿐이다. 그런데 우리에게는 범에게 물려가도 정신만 차리면 죽지 않는다는 말이 있다. 톨스토이는 범에 물려가는 자신을 발견하고 정신을 차린 사람이다. 예수, 석가를 비롯한 성인들도 범에 물려가는 자신을 발견한 뒤에 정신을 차린 사람들이다. 어떻게 정신을 차렸는가. 범에 물려가는 이 나가 바로 꿈인 것을 깨달은 것이다."

펴고 당당히 나아가면 된다. 선한 일을 위해서는 외로움과 손해는 기꺼이 감수해야 할 것이다. 이런 과정을 지켜내는 것이 바로 인간의 길이다. 대부분의 종교들은 젖이 흐르는 꿈의 세계를 말하지만,『주역』은 숱한 고난과 역경을 극복한 자에게만 희망이 주어진다는 것을 가르치고 있다. 그러니까 호랑이 꼬리를 밟아도 깨물지 않으니 형통하다는 것이다.

> ☞ 불변의 상하질서[禮]를 바탕으로 행동하는 것이 인간의 참된 도리이다.

3. 단전 : 중용, 주체성 확립의 열쇠

* 彖曰 履는 柔履剛也니 說而應乎乾이라
단 왈 리   유 리 강 야   열 이 응 호 건

是以履虎尾不咥人亨이라
시 이 리 호 미 부 질 인 형

剛中正으로 履帝位하여 而不疚면 光明也라
강 중 정   리 제 위   이 불 구   광 명 야

단전에 이르기를 '리'는 유가 강을 밟음이니(유가 강을 따름), 기쁨으로 건의 진리에 감응하는 것이다. 그러므로 호랑이 꼬리를 밟더라도 사람을 깨물지 않으니 형통한다. 강건하고 중정함으로써 제위帝位를 밟아 병폐가 없으면 밝게 빛날 것이다.

천택리괘天澤履卦에서 하괘는 연못괘[兌; ☱]로 유약柔弱하고, 상괘는 하늘괘[乾; ☰]로 강강剛強을 상징한다. 유약한 3효가 강한 4효의

뒤를 좇아가면서 꼬리를 밟는 형상이다[履, 柔履剛也]. 때로는 강한
발길질에 채일 위험이 뒤따른다. 강건한 하늘의 뜻에 기쁘게(기쁨으로
천도에 순응한다는 태괘兌卦의 화합력을 의미함) 순종하여 화합을 이루
기 때문에[說而應乎乾] 해를 입지 않고 형통한다는 것이다.

5효는 양효양위陽爻陽位로서 중용의 덕을 갖추고 있다. 천자의 지위
에서 왕도를 실천하고 특별한 하자가 없다면 그 공덕은 영원히 빛날
것이다. 힘없는 백성들은[柔] 위정자들을[剛] 따라가게 마련이다. 그
것도 믿으면서 즐겁게 좇아가면 더더욱 좋다. 강건하면서도 절대 한쪽
으로 치우지지 않고[中], 준비된 사람[正]이 위정자가 되어야 마땅하
다. 그것이 국가와 국민 모두에게 행복이기 때문이다. 친인척에 휘둘
려 치우치거나[不中], 독불장군형의 지도자[不正]는 국민 모두에게
불행을 안겨 준다는 뜻이다.

☞ 종교는 꿈의 세상을 언급하지만, 주역사상은 고난과 역
경을 극복한 자에게만 희망이 주어진다고 강조한다.

4. 상전 : 예학은 천지의 이법에 근거를 둔다

★ 象曰 上天下澤이 履니
상왈 상천하택 리

君子以하여 辯上下하여 定民志하나니라
군자이 변상하 정민지

상전에 이르기를 위는 하늘이요 아래가 연못이 '리'이니, 군자는

이를 본받아 상하를 분변하여 백성의 뜻을 안정시킨다.

하늘은 위에 있고 연못은 아래에 있는 것이 리괘履卦의 외형적인 모습이다. 군자는 이를 본받아서 상하와 귀천 등의 질서가 만들어지는 원리를 밝히고, 예의를 제정하여 백성들의 마음 밭[心田]에 심어 주어야 한다.

유교의 예의를 넓은 의미와 좁은 의미에서 살펴보자. 넓은 의미에서 보면, 천지질서와 인간질서는 대응관계를 형성한다. 전자는 후자의 확고부동한 근거이며, 후자는 전자에 담긴 의의를 개인과 사회와 천하에 실현해야 하는 의무가 있다. 유교의 예의를 좁은 의미에서 보면, 인간질서의 핵심인 오륜五倫[君臣有義, 父子有親, 夫婦有別, 朋友有信, 長幼有序]을 비롯한 당위적인 규범을 가리킨다. 『주역』은 후자의 타당성을 입증하는 체계를 제공하고 있다.

정이천은 「상전」의 구조를 존재원리와 당위원리의 일치로 풀이하고 있다. "하늘은 위에 있고 연못은 아래에 위치함은 상하를 나누는 올바른 이치이다. 그것은 사람이 실천하는 바가 마땅히 이와 같아야 한다.[天在上, 澤居下, 上下之正理也, 人之所履當如是.]" 하늘의 질서는 인륜질서(도덕질서)의 거울이다. 거울은 사물을 있는 그대로 비춰주는 투명의 대명사다. 거울 앞에서는 누구도 스스로를 속일 수 없기 때문이다. 사람은 하늘의 섭리를 진리로 받아들여 실천해야 한다고 가르치고 있는 것이다.

세계적인 신화학자 조지프 켐벨은 수메르의 유적인 지구라트 Ziggurat(정신과 마음을 숭고한 기도의 상태로 이르도록 고양시키고, 신이 지

상으로 강림할 수 있도록 사다리를 제공하려는 의도에서 만들어진 기도처)
가 지어진 목적을 멋지게 해석한 라이프찌히 대학의 알프레드 예레미
아스의 설명을 인용하고 있다.

"우주 전체는 존재Being와 되기Becoming의 상위양식과 하위양식
사이에서 인식되는 조화의 방식으로, 하나의 단일한 생명이 널리
퍼져 있는 것으로 간주된다. 수메르인들의 세계감각이 알려주는
것은 '위에 있는 것은 아래에 있다'는 사고이다. 이런 사고로부터
두 가지 방향의 영적 운동이 투영된다. 위에 있는 것은 아래로 내
려오고, 아래 있는 것은 위로 올라간다. 이러한 세계감각을 지닌
공간적 상징은 계단이 있는 수메르의 신전탑인데, 그것은 '하늘
과 땅의 명을 전하는 일곱 전달자들의 사원', '하늘과 땅의 기반
이 되는 사원' 등과 같은 다양한 우주론적 이론들을 가지고 있으
며, 탑의 계단들은 천상세계의 각 단계의 교리들과 상응한다. 게
다가 상계와 하계의 전체성은 위아래를 관통하는 '천상의 에너지'
로서 영적인 신의 현존으로 가득 채워진 것으로 생각된다. 눈에
는 보이지만 도달할 수 없는 천상의 존재들은 천상적 힘의 물질적
핵심으로 여겨진다. 그리고 인간 역시 영적 존재로서 지상의 베일
에 가려져 있는 '신의 이미지'이다. 신이 '생명을 쥐고' 있고, 인류
에게 '영원한 생명을 금한' 이상 어떻게든 죽을 수밖에 없는 운명
이다. 모든 인간 존재와 인간되기는 높은 하늘에서 인도된다. 따
라서 지상의 질서는 천상의 질서에 상응한다. 모든 사제-왕은 (우
주의 축소판인) 자신의 영토 안에서 신의 은총에 의해서 신성의
완전한 이미지가 된다. 모든 왕좌는 천상에 있는 성좌의 이미지이
다. 왕의 정원은 신의 정원을 반영한다. 왕좌를 향해 오르도록 계
단이 놓여 있듯이 천국을 향해 계단을 오른다. 게다가 모든 사원

의 구조에서도 똑같은 사고가 발견된다."[41]

동양의 예는 천지의 이법에 근거한다. 가령 "예는 하늘의 이치를 절도 짓는 무늬이며, 인사의 준칙이다[禮者, 天理之節文, 人事之儀則也.]"라는 주자의 말처럼, 항구불변하는 하늘의 이치를 본받고, 하늘의 명을 받아들이는 것에 있다. 인사의 준칙이란 무엇인가? 예는 스스로를 성찰하여, 자신의 몸과 마음을 다스리는 기반이며, 일상생활에서의 실천과 행동의 규범이다. 그래서 34번 째 뇌천대장괘雷天大壯卦에서도 '예가 아니면 밟지 않는다[非禮弗履]'라고 했던 것이다.

『주역』 15번 째 지산겸괘地山謙卦는 내면적으로 닦아야 하는 덕을, 리괘履卦는 외면적으로 실천하는 예를 설명한다. 전자는 스스로를 낮춤으로써 가장 낮은 자리에 거처하는 것이며, 후자는 밖으로 의연하면서도 굳건하게 밟아나가는 덕목을 가리킨다. 안연顏淵이 스승인 공자孔子에게 예에 대해 물었다. 공자는 '세속에 찌든 자신을 극복하고 예를 실천하는 것이 인仁(克己復禮爲仁)'이라고 하면서, "예가 아니면 보지 말 것이며, 예가 아니면 듣지 말 것이며, 예가 아니면 말하지 말 것이며, 예가 아니면 움직이지 말 것이다"[42]고 하여 예에 부합하는 행위를 주문하고 있다.

> ☞ 상전: 지상의 질서는 천상의 질서에 상응하므로 인간은 예법을 밖으로 실천해야 옳다.

---

41 조지프 켐벨/홍윤희,『신화의 이미지』(서울: 살림출판사, 2006), 112-113쪽 참조.
42 『論語』「顏淵篇」, "非禮勿視하며 非禮勿聽하며 非禮勿言하며 非禮勿動이니라"

5. 초효 : 허물과 가식을 벗어 던져라

★ 初九는 素履로 往하면 无咎리라

象曰 素履之往은 獨行願也라

초구는 본래 신은 대로 가면 허물이 없을 것이다. 상전에 이르기를 '본래 신은 대로 간다'는 것은 홀로 원하는 바를 행함이다.

소素는 '희다', '흰빛', '꾸미다(꾸밈)'는 뜻이다. '희다'는 것은 원래의 본바탕에 아무 것도 덧붙이지 않은 천연의 상태를 가리킨다. 따라서 '소리素履'는 원래 마음씨대로 밟아 실천한다는 의미이다. 가식의 허물을 벗어던지고 자신의 본래면모를 드러내면서 실천하면 걸림이 없다. '신은 대로 가면[素履, 往]'은 내면에서 솟아오르는 예법을 그대로 실천하면 된다는 뜻이다. 인도의 비폭력 저항가 마하트마 간디는 신발을 벗고 맨발로 다니기를 즐겨했다. 아무런 욕심이 없음을 나타내기 위한 최선의 방법이었다.

초효는 양이 양의 자리[陽位]에 있기 때문에 '정正'을 얻고 있다. 사회에 첫발을 내디디는 초년생은 꾸밈이 없어야 한다. 온갖 화장품으로 얼굴을 꾸미거나 고급옷으로 치장하지 말고 맨 얼굴로도 충분하다. 본연의 순수함을 잃어버리고 외면적 가치에 몰입해서는 안 된다.

그래서 불교에서는 '처음 일으키는 마음[初發心]'이 오래 지속되기 때문에 스스로를 경계하는 글[初發心自警文]을 지어 강조했다. 초심을 잃지 않고 꿋꿋하게 홀로 나아가는 것은 최고의 용기이자 아름다움이다. 이처럼 예는 외부에 그 원인이 있는 것이 아니라, 내면의 심층부에 자리잡고 있음을 밝히고 있다. 그러니까 타고난 소질과 개성을 살려 아무런 부끄럼 없이 살아가기 때문에 허물이 없는 것이다.

> ☞ 초심을 잃지 않고 꿋꿋하게 지키는 것이 최고의 용기이자 아름다움이다.

6. 2효 : 명리욕에 휩쓸리지 말라

* 九二는 履道坦坦하니 幽人이라야 貞코 吉하리라

象曰 幽人貞吉은 中不自亂也라

구이는 밟는 도가 탄탄하니 은거한 사람이라야 올바르고 길할 것이다. 상전에 이르기를 '은거한 사람이라야 올바르고 길하다'는 것은 중을 얻어 스스로 어지럽히지 않는 것이다.

2효는 양효음위陽爻陰位이지만, 중용의 덕을 갖추고 있다. 중도를 지키고 실천하는 까닭에 탄탄대로를 걷는다. '탄탄坦坦'이란 마음의 문을 활짝 열고 넓고 평평한 새벽길을 신나게 달리는 모습을 형용한 말이다. 하지만 2효는 5효와 잘맞는 찰떡궁합은 아니다. 둘 다 강력한 양이기 때문이다. 그래서 외풍의 영향을 받지 않고 스스로의 처지를 잘 지키고 있다.

양효가 음의 자리[陰位]에 있다는 것은 아직 사회적 정의[正]를 실

현할 단계가 아니라는 것을 알려 준다. 어느 정도 사회의 흐름에 무감
각한 '유인幽人'이라야 좋다. 더더욱 같은 양인 까닭에 5효와도 상응관
계가 잘 성립되지 않는다. 그러므로 산 속 깊숙이 들어앉아 세속적 가
치와 담 쌓고 덕을 기르면서 미래를 기약해야 한다. 명리욕에 휩쓸리
지 않는 마음의 평정심을 가지고 올바른 행위를 하기 때문에 길하다.[43]

사람은 언제나 진리에 대한 믿음을 가지고 살아야 한다. 그러면 앞
이 훤히 트인 고속도로를 달리는 것처럼 시원할 것이다. 게다가 마음
의 찌꺼기를 버린 욕심 없는 사람은 중심이 흔들리지 않는다. 2효에는
진리의 등대인 중용[中]이 있다. 등대불이 비추는 대로 나아가면 된다.

☞ 마음의 문을 활짝 열고 중용의 세계에 들어서야

---

7. 3효 : 교만은 패가망신의 지름길

★ 六三은 眇能視하며 跛能履라

履虎尾하여 咥人이니 凶하고 武人이 爲于大君이로다

象曰 眇能視는 不足以有明也요

跛能履는 不足以與行也요

---

43 "進齋徐氏曰 上无應與, 而獨善其身, 日用常行坦然平易, 不爲艱難阻絶之行, 自
守以正, 外物不亂, 故吉."

질 인 지 흉　위 부 당 야
咥人之凶은 位不當也요

무 인 위 우 대 군　지 강 야
武人爲于大君은 志剛也라

육삼은 애꾸눈이 능히 보며 절뚝발이가 능히 밟는 형상이다. 호
랑이 꼬리를 밟아서 사람을 깨무니 흉하고 무인이 군주가 되도다.
상전에 이르기를 '애꾸눈이 능히 본다'는 것은 밝게 볼 수 없다는
것이요, '절뚝발이가 능히 밟는다'는 것은 함께 가기에 부족하다
는 것이요, '사람을 깨물어 흉하다'는 것은 위치가 바르지 않다는
것이요, '무인이 군주가 된다'는 것은 뜻이 너무 강하다는 것이다.

　　　　　　　　　　　　　양 위
　3효는 음이 양의 자리[陽位]에 있고, 중용의 길에서 벗어나 있다
음 효 양 위　　부 중 부 정
[陰爻陽位의 不中不正]. 그 공간적 위상은 유약하기 짝이 없는데도 양
에너지가 넘쳐흐른다. 비정상적 상황이다. 그러니까 애꾸눈과 절뚝발
이가 등장하는 것이다. 애꾸눈은『주역』38번 째 화택규괘火澤睽卦에,
절뚝발이는 39번 째에 수산건괘水山蹇卦에 비유된다. 애꾸눈과 절뚝
발이는 음양합덕을 표상한다. 소경은 앞을 못본다. 하지만 절뚝발이
의 안내로 애꾸눈은 어디든지 갈 수 있으며, 절뚝발이는 애꾸눈의 뛰
어난 청각과 후각으로 자신의 모자란 것을 보충할 수 있는 것이다. 육
체적 불구자는 서로 도움이 되지만, 정신적 불구자는 회복불능임을
알아야 한다.

　『주역』에서 37번 째 풍화가인괘風火家人卦(䷤)와 40번 째 뇌수해
괘雷水解卦(䷧)가 반대이고, 38번 째 화택규괘火澤睽卦(䷥)와 39번
째 수산건괘水山蹇卦(䷦) 역시 반대를 이룬다. 그것은 상극의 극한
을 치닫는 것 같지만, 그 안에는 실제로 화합과 상생의 조화가 꿈틀거

周易과 만나다4 -괘효, 중용을 말하다- 127

리고 있음을 시사하고 있다. 이처럼 『주역』은 음양합덕의 원리를 깊숙이 안배해 놓고 있다. 겉으로는 무한분열과 모순으로 보이지만, 속으로는 통합과 융화를 강조하고 있는 것이다.

3효는 애꾸눈이 잘 볼 수 있다고 뻐기고, 절뚝발이면서 잘 달릴 수 있다고 억지부리고 있다. 그러다가 졸고 있는 호랑이 꼬리를 밟으니까 호랑이가 깜짝 놀라 깨무는 것은 어쩌면 당연한 일인지도 모른다. 재능이 한참 모자라면서 중책을 맡으려는 것과 같다[武人爲于大君]. 정치는 실험실의 청개구리가 아니다. 하사관이 쿠데타를 일으켜 통수권자가 되려는 엉뚱한 행동을 저지르는 꼴이다. 비록 성공하더라도 만고의 역적이 될 것은 불을 보듯 뻔하다.

신체장애자이면서도 정상인보다 더 잘 보고 잘 달릴 수 있다고 자만한다면, 그들과는 평생 뜻을 함께 할 수는 없다.[44] 자신의 능력을 과신하는 교만은 실패의 지름길이 아닐 수 없다. 힘만 믿고 문인들의 나약함을 꼬집거나 뒤엎는 행동은 능력 과시만을 앞세운 근육질 투성이

---

44 주역 54번 째 雷澤歸妹卦(䷵) 初九에 '跛能履'가 나오고, 九二에 '眇能視'가 나온다. "履卦 3효는 睽卦와 蹇卦를 한자리에 모아 놓은 감이 있다. 睽는 乖目이니 反目嫉視요 蹇은 跛躄難行이다. 反目嫉視와 欲行難行을 수없이 반복하여 서로 보기를 한 쪽은 더러운 糞土를 뒤집어쓴 돼지라 하고, 다른 쪽은 수레에 가득 실은 헛깨비라 하여 서로 원수같이 여겨 誹謗詛呪를 마지 않다가 어쩌다 보니 그것은 원수가 아니라 나의 짝[匪寇婚媾]임을 깨닫고 서로 달려가 부둥켜 안고 눈물을 흘리며 반가와 하니 이것이 바로 睽 上九의 '뭇 의심이 없어짐이라[羣疑亡也]'요, 解 上六의 '거스름을 풀음이다[解悖也]'라 하겠으니, 이래서 오랫동안 엉키고 맺힌 동포간의 乖離와 違和는 하루 아침에 해결되어 잃었던 자식을 되찾고 흩어졌던 형제를 다시 만나 둘이 하나로 뭉치게 되는 것이라 하겠다. 이러한 상황을 履 六三에서 이미 '履卦의 원리로 조화롭게 행위하라[履以和行]'의 一端을 보여준 것이라 하겠다."(이정호, 앞의 책, 22-23쪽 참조)

인 무인들에게서 흔히 나타나는 일이다.

> ☞ 애꾸눈과 절뚝발이는 음양합덕을 상징한다. 그것은 상극
> 의 깊숙한 곳에서 이미 화합과 상생의 조화가 꿈틀거리
> 고 있음을 시사한다.

8. 4효 : '길吉'의 조건은 자신을 뒤돌아보는 것에

★ 九四는 履虎尾니 愬愬이면 終吉이리라

象曰 愬愬終吉은 志行也라

구사는 호랑이 꼬리를 밟음이니 조심하고 또 조심하면 마침내 길
할 것이다. 상전에 이르기를 '조심하고 또 조심하면 마침내 길하
다'는 것은 뜻이 행해지는 것이다.

4효는 양효가 음위陰位에 있고, 중용의 덕을 갖추지 못했을 뿐만 아
니라[不中不正], 5효가 상징하는 호랑이 꼬리를 밟는 형상이다. 하지
만 하괘에서 상괘로 금방 건너온 4효는 조심하고 또 조심하여 자신을
뒤돌아보면서 처신하기 때문에 마침내 길하다는 것이다.

3효가 지방직 공무원이라면, 4효는 5효 군주 밑에서 근무하는 중앙
정부의 고급관리이다. 고급관리는 언행에 조심해야 한다. 말 한마디가
국가정책에 엄청난 파장을 일으키기 때문이다. 그는 스스로를 날마다
점검하면서 군주의 명령을 충실히 따르기 때문에 처음에는 위험하나

실수가 없는 것이다.

☞ 날마다 자신을 성찰하는 습관을 몸에 배도록 해야 실수
가 없다.

9. 5효 : 어려운 시기일수록 원칙을 존중해야

★ 九五는 夬履니 貞이라도 厲하리라

象曰 夬履貞厲는 位正當也일새라

구오는 결단으로 밟음이니 올바르더라도 위태로울 것이다. 상전에
이르기를 '결단으로 밟음이니 올바르더라도 위태하다'는 것은 위
치가 정당하기 때문이다.

『주역』 64괘 중에서 5효의 내용은 대부분 좋은 말로 훈계하고 있
으나, 여기서는 특별히 '경계와 근신'을 얘기하고 있다. 그래서 「단전」
에서도 병에 오래 걸릴 '구疚'를 놓았던 것이다. '쾌夬'는 '결決'과 같은
뜻이다. 물이 콸콸 흘러가도록 물길을 터놓는다는 말이다. 즉 과감하
게 결정하는 행동이 '夬'이다.

5효는 양효양위陽爻陽位의 중정中正의 덕을 갖추고 있다. 하지만 하
괘의 2효와는 상응관계가 아니다. 왜냐하면 2효도 양효인 까닭에 5효
는 계속 강공책만 쓰는 격이다. 모든 일을 혼자서 결정하는 것은 매우
위험하다. 보좌관의 건의와 지혜에 눈떠야 비로소 최고책임자로서의

능력을 발휘할 수 있다. 결정권자는 오직 자신뿐이라고 자랑하면서 결단을 내리는 것은 일을 그르치기 쉽다. 오히려 그것은 사태를 두 동강이내는 '절단絶斷'과 유사하다. 그럼에도 이 방법을 고집하는 것은 결정사항이 옳더라도 마지못해 따른 것이기 때문에 위험부담이 따를 수밖에 없는 것이다.

쾌夬란 칼로 목을 베듯 악을 제거한다는 뜻이다. 사회악은 청소되어야 마땅하다. 과감하게 결단하여 실천한다[夬履]는 내용은 공공의 적을 쓸어 없애는 데에 있다. 국가의 기강을 바로잡는데[貞] 악의 무리들이 결집하여 세력을 과시함으로써 국가 공권력이 무력화되는 지경까지 이르므로 위태로운[厲] 것이다.

요즈음 한국 검찰의 고민이 여기 있다. 경제 활성화 때문에 부정과 비리에 얼룩진 사회지도층을 처벌해야 마땅한가, 아니면 잠시 유보하여 경제를 되살린 다음에 처벌할 것인가의 문제로 고뇌에 빠졌다고 한다. 원리원칙대로 하면 된다. 왜냐하면 목적이 정당하면 수단도 정당화되기 때문이다[位正當].

☞ 가끔은 목적이 정당하면 수단도 정당화될 수도 있다.

10. 상효 : 예절은 주위를 따뜻하게 만드는 난로

★ 上九는 視履하여 考祥하되 其旋이면 元吉이리라

상구는 그동안 밟아온 것을 살펴서 상서로운 것을 고찰하되 두루 잘했으면(돌아갈 것을 생각하면) 크게 길할 것이다. 상전에 이르기를 '크게 길함'이 위에 있는 것은 큰 경사가 있는 것이다.

현재 우리나라의 교육제도는 초등학교, 중학교와 고등학교와 대학교 과정이 있다. 국적은 바뀌어도 학적은 바뀌지 않는다는 말이 있듯이, 대학교의 전공 성적표는 그 사람의 이력서와 똑같다. 성적표는 학점이 좋든 나쁘든지간에 그 사람의 발자춰다. 눈발자국은 눈이 녹으면 없어지건만, 성적표는 지워지지 않는 과거의 기록인 것이다.

상효에는 생활 이야기가 아닌 '이루 헤아릴 수 없는 큰 경사스런 기쁨[大有慶]'이 있을 것이라는 암호코드가 나타난다. 도대체 '큰 경사'는 무엇이며, 어디에서 이루어진다는 말인가? 그리고 64괘 대부분의 상효는 절망적인 내용인데도 불구하고 여기서 희망의 메시지를 전달하는 이유는 도대체 무엇일까? 그것은 지은이 개인의 신비한 예언에 불과한 것인가?

'큰 경사'라는 명제에 대해서 살펴보자. 지나온 과거를 반성하여 현재의 지침으로 삼으면 후회할 일이 없다는 도덕적 차원의 얘기인가? 세상사람 모두가 개과천선하여 잘못을 저지르지 않으면 도덕의 세계가 건설된다는 말인? 여기서 우리는 선후천변화에 대한 암시라고 과감한 물음을 던지자. 왜냐하면 바로 뒤이어 나오는 11번 째 지천태괘地天泰卦는 하늘기운은 아래로 내려오고, 땅기운은 위로 올라가 실로 음양이 조화되는 이상적 경계를 설명하고 있기 때문이다.

따라서 『주역』을 바라보는 인식의 전환이 요구된다. 조선조 후기에 재야학자로 활약했던 김일부는 전통적인 철학과 종교에 대한 인식론의 혁명가이다. 그가 『주역』의 내용을 낱낱이 해체한 다음, 선후천의 시각에서 『주역』을 재구성하여 내놓은 결과물이 바로 『정역正易』이다. 그렇다고 『주역』을 전면 부정한 것은 아니다. 『주역』의 숨겨진 이치를 일목요연하게 드러낸 것이 바로 선후천 변화원리다. 그것은 코페르니쿠스적 전회가 아니고는 『주역』의 궁극적 메시지와 정역의 실상이 극명하게 드러날 수 없는 까닭에 전통 주역학에 찌든 '나'를 잠시 옆에 두고, 내면에 깊숙이 잠들어 있는 또다른 나를 불러내보자. 패러다임의 전환을 과감하게 단행하자. [45]

> ☞ 리괘는 희망을 얘기한다. 왜냐하면 음양이 교합하는 지
> 천태괘地天泰卦를 앞두고 있기 때문이다.

---

45 조지프 켐벨, 앞의 책, 268쪽, "윌리엄 블레이크는 「천국과 지옥의 결혼」에서 이렇게 적었다. "만약 인식의 문이 정화된다면, 만물은 그 자체의 무한한 모습을 인간에게 드러낼 것이다. 인간이 스스로 동굴의 좁은 틈을 통해 모든 사물을 접하는 이상, 인간은 자기 자신을 가두고 있기 때문이다." 똑같은 사고가 중국 선불교의 개조인 혜능慧能(638~713)의 "우리의 순수한 정신은 타락한 정신 속에 있다"는 말에도 나타난다. 그리고 천 년 뒤 일본의 고승 하쿠인白隱(1685~1768)도 이렇게 말했다. "바로 이 땅이 순수한 연꽃의 땅이며, 이 몸이 부처의 몸이다." 「도마복음」의 말과 비교해보자. "하느님 아버지의 왕국이 이 땅에 널리 펼쳐져 있는데, 인간은 그것을 보지 못한다." 제임스 조이스는 『율리시즈』에서 'dog'라는 단어를 거울을 통해 비춰보니 'god'로 전도되더라는 대목에서 똑같은 생각을 보여준다. 우리의 정신이 매개가 되어 전도된 천상의 형태를 비추는 반영체로서의 이 현상세계에서 이 이미지는 매우 오래된 것이다."

11. 주역에서 정역으로

정역사상의 연구자 이상룡李象龍은 리괘의 성격을 다음과 같이 설명한다.

리 재 문 위 시 복　　복 반 보 야　시　사 인 야
履在文爲尸復이라々은反報也요尸는死人也라

인 지 소 행 합 어 천 리
人之所行合於天理면

즉 사 후 필 유 보 시 지 복 록 야
則死後必有報施之福祿也라

위 괘 천 하 유 택　　택 급 천 하 이 물 개 축 윤 지 의
爲卦天下有澤이니々及天下而物皆畜潤之義라

차 물 축 이 례 연 후　가 이 리 행 천 하
且物畜以禮然後에可以履行天下이니

고 차 어 소 축 야
故次於小畜也라

"'리'는 문자로는 주검, 시동[46] 시尸와 돌아올 복復으로 이루어져 있다. '복'은 되돌려 갚다는 뜻이다. 시尸는 죽은 사람으로 인간의 행동이 천리에 부합하면 죽은 뒤에도 반드시 복록을 되돌려 받는다. 괘의 구성은 하늘 아래에 연못이 있는데, 연못물이 천하에 미치어 만물이 윤택하게 길러지는 뜻이고, 만물은 예로써 길러진 뒤에 천하에 실행될 수 있으므로 소축괘 다음이 된 것이다.

단 왈 리 호 미　　부 질 인　　형
象曰履虎尾라도不咥人이라亨하니라는

위 행 이 언 손　　보 신 지 명 철 야
危行而言巽하여保身之明哲也라

---

46 제사지낼 때 神位 대신으로 교의에 앉히는 어린아이.

* 단전-"호랑이 꼬리를 밟더라도 사람을 깨물지 않으니 형통한다"는 것은 위험을 극복하여 공손한 행동으로 몸을 보존하는 현명함을 뜻한다.

상 왈 군 자 이   변 상 하   정 민 지
象曰君子以하여辯上下하여定民志하나니라는

원 상 원 하   사 인 지 지 야
元上元下로使人知之也라

* 상전-"군자는 이를 본받아 상하를 분변하여 백성의 뜻을 안정시킨다"라는 말은 원래의 상하의 분별을 사람들이 알게 하는 것이다.

초 구   소 리   왕   무 구
初九는素履로往하면无咎리라는

소 빈 천 이 행 호 빈 천 야
素貧賤而行乎貧賤也라

* 초효-"본래 신은 대로 가면 허물이 없을 것이다"라는 것은 본래 빈천貧賤하면 빈천한대로 실천하라는 뜻이다.

구 이   리 도 탄 탄   유 인   정 길
九二는履道坦坦하니幽人이라야貞코吉하리라는

인 부 지 이 불 온 야
人不知而不慍也라

* 2효-"밟는 도가 탄탄하니 은거한 사람이라야 올바르고 길할 것이다"라는 것은 다른 사람이 알아주지 않아도 성내지 않는 것을 가리킨다.

육 삼   묘 능 시   파 능 리   소 인 지 현 능 야
六三은眇能視하며跛能履라는小人之眩能也요

履虎尾^{리호미}하여咥人^{질인}이니凶^흉함은欲害君子^{욕해군자}니反受其殛也^{반수기극야}요

武人^{무인}이爲于大君^{위우대군}이로다는剛不得中也^{강부득중야}라

* 3효-"애꾸눈이 능히 보며 절뚝발이가 능히 밟는 형상이다"라
는 것은 소인의 어두운 능력을 뜻한다. "호랑이 꼬리를 밟아서 사
람을 깨무니 흉하다"라는 말은 군자를 욕보이려다가 도리어 죽임
당한다는 뜻이며, '무인이 군주가 된다'는 말은 강剛이 중도를 얻
지 못했다는 것이다.

九四^{구사}는履虎尾^{리호미}니愬愬^{삭삭}이면終吉^{종길}이리라는始寅終辰也^{시인종진야}라

* 4효-"호랑이 꼬리를 밟음이니 조심하고 또 조심하면 마침내 길
할 것이다"라는 것은 호랑이[寅]에서 시작하여 용[辰]으로 끝난다
는 뜻이다.

九五^{구오}는夬履^{쾌리}니貞^정이라도厲^려하리라는毅宗殉其社稷也^{의종순기사직야}라

* 5효-"결단으로 밟음이니 올바르더라도 위태로울 것이다"라는
말은 의종毅宗이 종묘사직과 함께 죽은 것을 가리킨다.

上九^{상구}는視履^{시리}니考祥^{고상}하되其旋^{기선}이면元吉^{원길}이리라는

誄諡表楔^{뇌시표설}하여終有福履也^{종유복리야}라

* 상효-"그동안 밟아온 것을 살펴서 상서로운 것을 상고하되 두
루 잘했으면(돌아갈 것을 생각하면) 크게 길할 것이다"는 말은 뇌
시표설誄諡表楔하여 마침내 복을 실천한다는 뜻이다.

澤雷隨卦

택 뇌 수 괘

물은 항상 위에서 아래로 흐른다. 물은 막히면 돌아가고, 빨리 흐를 때는 빨리 흘러가고, 천천히 흐를 때는 쉬엄쉬엄 흐른다. 물은 세상의 이치를 거역한 적이 없다. 이처럼 수괘는 우레가 연못의 기쁨에 호응하고 따른다는 사실을 통해 시간의 본성에 입각하여 만물이 변화한다는 것을 가르치고 있다.

Chapter 6

택뇌수괘澤雷隨卦
온건함의 미덕(힘)

1. 진정한 순종의 길 : 수괘

정이천은 뇌지예괘雷地豫卦(☰☰) 다음에 택뇌수괘(☱☳)가 오는 이
유를 다음과 같이 말한다.

수　서괘　예필유수　고수지이수
隨는 序卦에 豫必有隨라 故受之以隨라 하니라

부열예지도　물소수야　수소이차예야
夫悅豫之道는 物所隨也니 隨所以次豫也라

위괘태상진하　태위열　진위동
爲卦兌上震下하니 兌爲說하고 震爲動하니

열이동　동이열　개수지의
說而動하고 動而說이 皆隨之義라

여 수인자야 이소녀종장남 수지의야
女는 隨人者也니 以小女從長男은 隨之義也요

우 진위뇌 태위택
又震爲雷하고 兌爲澤하니

뇌진어택중 택수이동 수지상야
雷震於澤中에 澤隨而動은 隨之象也라

우 이괘변언지 건지상 래거곤지하
又以卦變言之하면 乾之上이 來居坤之下하고

곤지초 왕거건지상 양래하어음야
坤之初는 往居乾之上하여 陽來下於陰也니

이양하음 음필열수 위수지의
以陽下陰이면 陰必說隨니 爲隨之義라

범성괘기취이체지의 우유취효의자
凡成卦旣取二體之義하고 又有取爻義者하며

부유갱취괘변지의자
復有更取卦變之義者하니

여 수지취의우위상비
如隨之取義尤爲詳備라

수괘는 「서괘전」에 '즐거우면 반드시 따름이 있다. 그러므로 수
隨로 이어받았다'고 하였다. 대저 기쁨과 즐거움의 도리는 사물이
따르는 바이니, 수괘가 예괘 다음이 된 것이다. 괘의 형성은 태가
위에 있고, 진이 아래에 있으니 태는 기뻐함이며 진은 움직임이다.
기뻐하여 움직이며 움직여서 기뻐함은 모두 수隨의 뜻이다. 여자
는 사람이 따르는 자이니 소녀가 장남을 좇음은 따름[隨]의 뜻이
다. 또한 진은 우레이고 태는 연못이니 우레가 연못 속에서 진동
함에 연못이 따라 움직임은 수의 모습이다. 또한 괘변으로 말하면
건의 상효가 와서 곤의 아래에 거처하고, 곤의 초효가 가서 건의
위에 거처하여 양이 와서 음에게 낮추니, 양으로서 음에게 낮추
면 음은 반드시 좋아하여 따르므로 수의 뜻이 되는 것이다. 무릇
괘를 이룸은 두 실체의 뜻을 취하고, 또한 효의 뜻을 취한 경우가

있으며, 다시 괘변의 뜻을 취한 경우가 있으니, 수隨가 뜻을 취함
같은 것은 더욱 상세히 구비되었다.

택뇌수괘는 위가 연못(兌: ☱)이고, 아래는 우레(震: ☳)이며, 그
뜻은 '따른다'이다. 괘의 형태로 보면, 우레가 물밑에서부터 움직이기
시작하면 연못물 역시 그 리듬에 맞추어 출렁이면서 춤춘다. 위는 웃
으면서 즐겁고[兌], 아래는 생명탄생의 신호탄인 우레가 서로 즐겁게
움직이면서 서로를 따르는 관계이다.

『주역』을 공부한 기독교인 김홍호는 수괘의 의미를 다음과 같이 말
한다.

"뇌지예가 기쁨이 충만한 세계라면, 택뇌수는 이 기쁨이 충만한
하늘나라가 오게 하기 위해서 필요한 것은 무엇인가 하는 문제이
다. 택뇌수를 기독교로 말하면 크리스마스라 할 수 있다. 철인정
치가 이상국가라고 보기 때문에 이상국가를 위해서는 철인이 나
타나야 된다는 것이다. 기독교에서 그리스도가 와야 된다고 하
는 것과 마찬가지 사상이다. 도교에서는 眞人, 즉 참사람이 나와
야 된다고 한다. 莊子는 '眞人以後眞言'이라고 말했다. 참사람이
나와야 진리가 나타나지, 참사람이 오지 않으면 진리가 나타나지
않는다는 말이다. 참사람을 기독교에서는 그리스도, 유교에서는
聖人, 불교에서는 佛陀, 도교에서는 眞人이라고 부른다. 플라톤은
哲人이 왕이 되든지 왕이 철학을 공부하든지 해야 이상국가를 세
울 수 있다고 했다. … 하늘에서 별이 떨어지고 땅에서는 샘물이
솟아나서 오아시스가 되었다. 하늘의 별이란 마호멧이요, 샘물이
란 코란을 말한다. 그리스도가 와서 복음을 선포하는 것이다. 유
교로 말하면 공자가 하늘에서 떨어진 별이요, 『논어』가 터져 나

온 샘물이다."[47]

우리 조상들의 교훈에 '물 흐르듯 살아라'는 말이 새삼 기억난다. 물은 위에서 아래로 흐르지 아래에서 위로 흐르는 법은 없다. 물은 막히면 돌아가고, 빨리 흐를 때는 빨리 흘러가고, 천천히 흐를 때는 쉬엄 쉬엄 간다. 흐르는 물은 세상의 이치를 거역하지 않는다. 그래서 물은 하늘의 아들이라고 했던가. 이처럼 우레는 연못의 기쁨에 호응하고 따른다.

그래서 공자는 "소를 길들이고 말을 타서 무거운 것을 이끌고 먼 곳에 이르게 함으로써 천하를 이롭게 하니, 대개 수괘의 원리에서 취하였다[服牛乘馬, 引重致遠, 以利天下, 蓋取諸隨]."[48]고 했다. 야생마를 길들여 먼 곳까지 가고, 소를 길들여 무거운 짐을 싣고 운송에 도움이 되도록 하는 방법을 수괘隨卦에서 찾았던 것이다.

2. 수괘 : 시간의 본성과 정신을 알고 따라야

★ 隨는 元亨하니 利貞이라 无咎리라

수는 크게 형통하니 올바름이 이롭다. 허물이 없을 것이다.

'수隨'는 따른다는 뜻이다. 대상과 주체의 관계에서 누가 누구를 따르느냐의 문제가 생긴다. 즉 주체가 먼저인가, 대상이 먼저인가. 『주

47 김흥호, 앞의 책, 316-318쪽.
48 「계사전」하편, 2장.

역』은 '나'라는 주체보다는 상대방을 먼저 배려하라고 가르친다. 예컨대 누구나 부귀해지려고 한다. 하지만 『주역』은 부귀가 빈천을 따라야 하고, 많은 것은 적은 것을 따라야 하듯이 자기를 버리고 진리와 타인을 따르라고 가르친다. 나를 버리고 타인을 받아들이면 거꾸로 대상이 나에게 다가오기 때문에 기쁨이 넘친다.

태상진하兌上震下의 형태에서 태소녀兌小女(☱)는 음괘陰卦, 진장남震長男(☳) 양괘陽卦다. 양의 진괘가 음의 태괘 아래에서 따르는 모습이다. 6효로써 말하면, 초효의 양이 2효의 음 아래에서 따르고, 5효의 양이 상효의 음 아래에서 따르고 있다. 이렇게 강효剛爻가 유효柔爻에 따르는 것을 일컬어 수隨라 한다.

주자는 이를 상세하게 풀이하고 있다.

"수는 따름이다. 괘변으로 말하면 본래 곤괘困卦의 구九가 와서 초효에 있으며, 또한 서합괘의 구九가 와서 5효에 있으며, 미제괘로부터 온 것은 이 두 변화를 겸하였으니, 모두 강이 와서 유를 따르는 뜻이다. 두 체를 말하면 이것이 움직임에 저것이 좋아함이 되니, 또한 수의 뜻이다. 그래서 수라 한 것이다. 자기가 남을 따르고 남이 와서 자기를 따라 피차가 서로 따르면 통하기 쉽다. 그러므로 그 점이 크게 형통함이 된다. 그러나 반드시 올바름이 이로워야 비로소 허물이 없을 수 있으니, 만약 따르는 바가 올바르지 못하면 비록 크게 형통하더라도 허물이 있음을 면치 못할 것이다."[49]

---

49 『주역본의』, "隨는 從也라 以卦變言之하면 本自困卦九來居初하고 又自噬嗑九來居五요 而自未濟來者는 兼此二變하니 皆剛來隨柔之義요 以二體言之하면 爲此動而彼說이니 亦隨之義라 故爲隨라 己能隨物하고 物來隨己하여 彼此相從

괘사에는 보기 드물게 건괘의 덕성인 '원형이정'이 등장한다. 이를 어떻게 띄어 읽고 현토를 다느냐에 따라 그 내용이 달라지게 마련이다. 첫째, 건괘에서 말하는 이상세계, 즉 진리가 활짝 드러난 세계에서는 허물이 없다는 뜻이다. 둘째, 수괘의 괘사는 우주론적 언급이라기보다는 주체와 대상, 나와 타인과의 원만한 관계 설정에 주목하고 있다. 그것의 요체는 '올바른 가치[正^정]'에 있는 것이다.

> ☞ 수괘는 주체와 대상, 나와 타인과의 원만하고 올바른 [正^정] 관계설정에 주목한다.

3. 단전 : 시간의 질서를 따라 변화하는 것이 역

* 彖曰^{단왈} 隨^수는 剛來而下柔^{강래이하유}하고 動而說^{동이열}이 隨^수니

大亨^{대형}코 貞^정하여 无咎^{무구}하여 而天下隨時^{이천하수시}하나니

隨時之義(隨之時義)^{수시지의 (수지시의)} 大矣哉^{대의재}라

단전에 이르기를 수는 강이 와서 유의 아래에 있고, 움직이고 기뻐함이 수이다. 크게 형통하고 올바른 까닭에 허물이 없어 천하가 시간의 정신을 따르니, 수괘에서 말하는 시간과 의리가 위대하도다.

겉으로 보기에, 연못 밑에서 소리치는 우레는 방음벽이 설치된 곳

하면 其通이 易矣라 故其占爲元亨이나 然必利於貞이라야 乃得无咎니 若所隨不貞이면 則雖大亨而不免於有咎矣리라."

에서 확성기를 사용하는 것처럼 전혀 어울리지 않는다. 하지만 괘사를 비롯한 「단전」과 그에 대한 해석서들은 매우 긍정적으로 설명하고 있다. 그 이유는 무엇일까? 양이 음 아래에 존재하고 음을 따르기 때문일까, 진괘와 태괘의 상징체가 원래부터 그렇기[動而說] 때문일까.

먼저 상괘와 하괘를 낱낱이 해부하자. 상괘인 태괘(☱)는 원래 건괘(☰)가 변형된 것이다. 즉 건괘의 상효인 양효가 음효로 바뀐 것이다. 하괘의 진(☳)은 원래 곤괘(☷)가 변형된 것이다. 즉 곤괘의 초효인 음효가 양효로 바뀐 것이다. 이런 까닭에 상괘와 하괘를 통틀어 양효가 음효 아래에 존재하면서 그 뜻에 순응함은 물론이거니와 움직이면 기쁘고, 기쁘게 움직이는 모습을 나타내는 것이다.[50]

앞의 논의가 타당하다면, 수괘隨卦의 전신은 '천지비괘天地否卦'였다고 할 수 있다. 양은 양대로, 음은 음대로 뿔뿔이 흩어져 생명창조의 불균형을 잉태했던 원인이 바로 비괘否卦의 내용이다. 하늘과 땅의

---

50 "우레가 그 포효와 진동을 거두고 스스로 내려와 얌전히 못 속에 잠기면 못 물은 즐거이 그를 가슴에 받아 안는다. 장성하고 발랄한 에너지와 생명을 그 속에 지녔건만 우레와 못 물의 호흡은 너무나 화순하고 고와서 있으면서도 없는 듯하고, 없는 듯 있기 때문에 못은 한없이 고요하고 평화롭기만 하다. 이러한 안정과 평화는 어디서 왔을까. 그것은 우레가 못에게서 배우고 있기 때문이다. 한 번 소리치면 천지를 진동시킬 수 있고, 한 번 성내면 산하를 뒤엎을 만한 용맹과 위력을 가진 우레이건만 겸허한 마음으로 다소곳이 몸을 낮추어 가냘픈 소녀같은 못에게서 배우고 있다. 우레는 못에게서 明鏡止水 같은 그 맑고 깨끗한 마음을 배우고, 산모습도, 구름의 얼굴도, 하늘과 달도, 가림 없이 받아 안아주는 포용성을 배우고, 침착하고 아늑하고 정다움을 배우고, 마음바닥에 생명의 원천을 지녀서 항상 새롭고 싱싱함을 배우고 움직이건만, 어디까지나 고요하고 고요하건만 정지하지 않고 부단히 성장하고 조화를 배운다. 우레의 마음과 못의 마음은 일치하고 화순하여 안정과 평화를 가져온다."(남만성, 앞의 책, 116쪽 참조)

이치에 따라 만물이 변화하는 것은 당연하다. 그 첫 단계가 바로 연못의 기쁨과 하늘의 소리인 우레의 결합이다. 건괘의 가장 위에 있는 양효가 곤괘로 내려와 '진'이 되고, 곤괘의 가장 아래에 있는 음효는 건괘로 올라가 '태'가 된다.

정이천은 이에 힌트를 얻어 『주역』을 바탕으로 성리학을 정초할 때, 수괘에 나타난 시간의 정신에 입각하여 "역은 변역이다. 때에 따라 변화하는 것은 도를 따른다[易, 變易也, '隨時'變易以從道也]"는 명제를 창안한 것으로 보인다. 그만큼 성리학은 그 존재론적 근거를 『주역』에서 확보하여 외래종교인 불교의 번성에 견줄 수 있는 학문으로 성장할 수 있었던 것이다.

> "'隨時'란 철이 든다 혹은 진리를 깨닫는다는 뜻인데 이처럼 중요한 것은 없다. 그래서 時間性 혹은 근원적 시간이란 말을 쓰는데 이것이 철학의 핵심이다. 주역이란 무엇인가. 시간성을 드러내는 것이 주역이다. 64괘 어느 하나도 시간성을 드러내지 않는 것은 없다. 그래서 時中이라 한다."[51]

---

51 김홍호, 앞의 책, 321-322쪽. 그는 기독교의 관점에서 시간의 문제를 풀이한다. "'때가 오면'이라는 말은 '그리스도가 오면'이라는 말과 같다. '때'를 구체화한 것이 그리스도이기 때문이다. 이렇게 기독교에서는 말씀이 육신이 되었다고 하는데, 이것을 주역에서는 '때'가 육신이 된다고 말한다. 철인이란 철이 든 사람이며, 철이란 바로 때를 가리킨다. 그래서 時節을 알자는 것이 철학이다.… 때가 되어야 진리를 깨닫고, 때가 되어야 철이 든다. 아무 때나 진리를 깨닫고 철이 드는 것이 아니다. 세상에서 가장 중요한 것이 '때'이다. 이 '때'를 하나님이라고 볼 수도 있다. 때를 따른다는 말은 하나님을 따른다 혹은 하나님께 순종한다는 말과 같기 때문이다. 하나님이 우리에게 내놓은 것이 '때'다. 날 때가 있고 죽을 때가 있다. 이런 '때'를 결정하는 분이 하나님이다. 때를 좇는다는 말은 하나님을 좇는다는 말이다. 實存이라는 말도 때를 붙잡은 사람을 가리키는 말이다. 철든 사람이 실

'시간(때)의 본성을 따르는 옳음이 크도다[隨之時義大矣哉]', 즉 시간과 공간과 인간만큼 신비로운 존재는 없다. 하느님께서 자신을 상대 세계에 드러낸 것이 시간·공간·인간이다. 시간을 만난 것은 시간을 만난 것이 아니라 하느님을 만난 것이다. 류영모는 "시간은 하느님의 명령이다. 하느님의 명령이 그치면 시간이 계속 안 될 것이다"라 하였다. 이는 시간을 통해서 시간 너머에 계시는 하느님을 만난 것이고, 허공을 통해 허공 너머에 계시는 하느님을 만난 것이다. '수지시隨之時'는 하느님을 따른다는 것이다.

하느님이신 얼나는 시간의 임자이고 공간의 임자이다. 시공이 하느님의 주권을 벗어나지 못한다. 하느님 앞에서는 시공이 땅군 앞의 뱀처럼 꼼작을 못한다. 하느님 아버지를 만나는 시간이 '豫之時'이다. 豫는 미리 먼저라는 뜻이다.[52]

이러한 풀이는 종교적 해석이다. 기존의 동양학계에서는 여전히 하늘의 질서에 의거해 사는 삶이 최상의 길이라고만 외쳤다. 시간과 종교의 문제로 이해하는 것에 대해 매우 인색했다.『주역』전체에 걸쳐 '시간과 때[時]'를 얼마나 강조했는지는 아무리 지적해도 지나치지 않는다. 조선조 말기의 김일부는 시종일관 자신의 철학을 시간의 문제로 풀었다. 그는 동양학의 패러다임을 혁신적으로 바꾸어『주역』을 시간론의 지평으로 새롭게 열어 제쳤다.

존이다. 진리를 깨달았다는 말은 철이 들었다는 말이다."(앞의 책, 320-321쪽)
52 박영호,『다석사상으로 본 유교』(서울: 두레, 2002), 432-435쪽 참조.

> ☞ 주역학의 궁극 목적은 물리적 시간을 넘어서는 시간의
> 본성을 묻고 대답하는 것에 있다.

4. 상전 : 수시隨時는 철을 모르는 사람에 대한 경고

＊ 象曰 澤中有雷隨니
상 왈　택 중 유 뢰 수

君子以하여 嚮晦入宴息하나니라
군 자 이　　　향 회 입 안 식

상전에 이르기를 연못 가운데 우레가 있는 것이 수이니, 군자는
이를 본받아 그믐을 향하여 들어가서 편안히 쉰다.

복희팔괘도는 하늘의 질서가 만물을 탄생하는 창조원리를 표상한
다면, 문왕팔괘도는 만물이 하늘과 땅 안에서 성장하는 원리를 표상
한다. 문왕괘도에서 태괘는 서방에 있다. 서쪽은 해가 지는 곳이다. 그
것은 사람이 낮에는 밖에서 일하고, 저녁에는 집에 돌아가 가족들과
함께 휴식을 취하는 것을 상징한다.

옛말에 낮에는 집구석에 쑤셔박혀 있지 말고, 밤에는 이슬을 맞지
말라는 얘기가 있다. 사람은 아침에 불끈 솟는 해를 보면서 일터로 나
가 열심히 일한 다음 어둠이 짙게 깔리면 집으로 돌아간다. 내일을 위
해 몸과 마음을 풀어 재충전하면서 휴식을 취한다. 이렇게 자연의 질
서를 존중하려는 평범한 진리가 수괘의 가르침에 배어 있는 것이다.

수괘의 가르침은 단순한 잠언이 아니다. '따른다'는 말은 언제 어디

서든 상황에 알맞게 실천하라는 뜻이 아니다. 그 때마다의 시대정신에 맞게 처신하는 행위는 상황논리에 빠질 위험이 있다. 이러한 오해를 불식시키기 위해『주역』은 시간의 정신을 강조한다.『주역』이 말하는 시간의 정신은 '시의성時義性 = 시의성時宜性'으로 표현되는데, 그것은 항상 당위의 문제와 직결되어 있다.

그런데 이 시의성의 객관적 표상을 물리적 시간으로 보는 것이 정역사상의 독창성이다. 따라서 현실적인 시간의 근거가 바로 시의성이며, 그것이 바로 진정한 시간의 정신이라 할 수 있다. 이런 의미에서 시간성의 뜻에 의지하고 뒤쫓아가는 것이 괘의 명칭으로서의 '수'인 것이다.

> ☞ 따른다[隨]는 것은 상황의 변화에 충실하라는 것이 아니라, 현실 시간의 근거인 시의성時宜性에 부응하는 실천을 뜻한다.

5. 초효 : 내면적 가치[正]를 숭상하라

★ 初九는 官有渝니 貞이면 吉하니

出門交면 有功하리라

象曰 官有渝에 從正이면 吉也니

出門交有功은 不失也라

초구는 직분에 변하는 일이 있으니 올바르면 길하다. 문밖에 나가 사귀면 공이 있을 것이다. 상전에 이르기를 '직분이 변하는 일'에 올바름을 좇으면 길하니, '문밖에 나가 사귀면 공이 있다'는 것은 잘못하지 않는 것이다.

가장 밑에 있는 초효는 벼슬에 변동수가 있다. 몸을 바짝 낮추어야 할 상황에서 이동의 조짐이 있다고 남에게 도움을 청하려다 주체성을 잃어버리면 낭패 보기 일쑤이다. '나' 밖의 상황이 아무리 급변하더라도 올바름의 가치를 지키면 사회적으로 약간의 성공은 이룰 수 있다.

성공에는 두 가지가 있다. 하나는 안으로 자신을 잘 조절하는 것이요, 다른 하나는 밖으로 자신을 빛내는 것이다. 『주역』은 세속적인 부귀와 공명에 대한 성공을 부추기지 않는다. 내면의 가치[正]를 팽개치면서까지 성공을 향해 줄달음치지 말라고 훈계한다.

> ☞ 안으로 자신의 목표를 바꾸지 않아야 밖으로 자신을 빛 낼 수 있다.

6. 2효 : 소인을 멀리하고 군자를 가까이 하라

＊ 六二_는 係小子_면 失丈夫_{하리라}

象曰 係小子_는 弗兼與也_라

육이는 소자에 얽매이면 장부를 잃을 것이다. 상전에 이르기를

'소자에 얽매인다'는 것은 함께 더불지 못함이다.

'소자小子'는 미성년자를, '장부'는 대인을 가리킨다. 2효는 음이 음 위에 있고, 중도인 동시에 양인 5효와 상응한다[中正]. 하지만 2효가 워낙 유약하여 따라야 할 바른 도를 지키기가 쉽지 않다. 또한 2효는 양이 양위에 있는 강건한 초구와 친한 관계를 맺고 있다. '수'는 양이 음을 따르는 것이 원칙이다. 음이 양을 따를 수는 없다.

소자가 초구라면, 장부는 5효이다. 소인에 얽매이면 장부를 잃는다. 누구나 사소한 것에 연연하다보면 많은 것을 잃음을 경험했을 것이다. 2효가 초구와 5효와의 줄다리기에서 어느 쪽에 무게를 둘 것인가? 장부와 인연을 맺어야 희망이 있다. 양자택일의 결단이 요구된다. 이쪽저쪽의 눈치를 살펴서는 안 된다. 양자를 겸비하려는 욕심 때문에 나머지 하나마저도 잃어버린다. 『주역』은 항상 원칙 안에서의 변칙을 얘기한다. 변칙을 앞세운 원칙은 상황논리의 위험에 빠지기 쉽다.

> ☞ 원칙 안에서 변칙을 얘기하라! 변칙을 앞세운 원칙은 위험하다.

7. 3효 : 정의 지키기가 힘들더라도 불의와 타협 말라!

* 六三은 係丈夫하고 失小子하니
육삼   계장부   실소자

隨에 有求를 得하나 利居貞하니라
수   유구   득   이거정

象曰 係丈夫는 志舍下也라
<small>상 왈 계 장 부 지 사 하 야</small>

육삼은 장부에 얽매이고 소자를 잃으니, 따름에 구함을 얻으나, 올바름에 거처함이 이롭다. 상전에 이르기를 '장부에 얽매이다'는 것은 뜻이 아래를 버리는 것이다.

3효는 음이 양위에 있고, 하괘의 끝에 있으므로 중용도 아니다. 여기서의 장부는 4효를, 소자는 초효의 양을 가리킨다. 2효는 초구와 가까워질 가능성이 있는 반면에, 3효는 4효 장부를 따를 가능성이 많기 때문에 가시적 성과를 얻을지라도 '옳음[貞 = 正]'에 있어야 한다고 강조했다.

강물이 바다로 가기 위해서는 강을 버려야 하고 현재가 미래로 전진하기 위해서는 과거를 버려야 하듯이, 장부와 인연 맺기 위해서는 소인을 과감히 버려야 한다. '따름'의 방식에는 일정한 원칙이 존재한다. 진리와 가치와 인간이 바로 그것이다. 진리를 위해서는 목숨도 아끼지 말아야 하고, 정의를 위해서는 아무리 힘들어도 불의와는 결코 타협해서는 안 되며, 사람을 위해서는 낡고 케케묵은 정신을 버려야 한다. 버릴 것은 버려야 부담이 되지 않는다. 유산이라고 끌어안고 있으면 오히려 과거의 멍에에 발목 잡히기 쉽다.

☞ 낡고 묵은 정신은 과감하게 버려야 한다. 과거에 발목잡히기 쉽기 때문이다.

8. 4효 : 사람됨은 하늘에 대한 믿음으로부터

★ 九四는 隨에 有獲이면 貞이라도 凶하니
구 사   수 유 획   정   흉

有孚코 在道코 以明이면 何咎리오
유 부 재 도 이 명   하 구

象曰隨有獲은 其義凶也요 有孚在道는 明功也라
상 왈 수 유 획   기 의 흉 야   유 부 재 도   명 공 야

구사는 따름에 얻음이 있으면 올바르더라도 흉하므로 믿음이 있
고, 도에 있고 밝음으로써 하면 무슨 허물이리오. 상전에 이르기
를 '따름에 얻음이 있음'은 그 뜻이 흉함이요, '믿음이 있고 도에
있음'은 명철한 공로이다.

4효는 양이 음위에 있으므로 '정正'이 아니다. 또한 상괘의 '중中'도
아니다. 비록 하괘에서 상괘로 진입했으나, 중정中正의 가치에서 벗어
났다. 마음은 아래에서 위로 상승하려나, 주어진 여건(시간과 공간)이
허락하지 않는다[凶].
흉

하지만 마음은 언제나 생명[孚]에 대한 믿음과 진리[道]와 도덕적
부   도
가치[明: 내면의 영혼]에 뜻을 둔다면 무슨 허물이 있겠는가? 보상심
명
리가 전제된 믿음과 가치는 이미 순수성이 훼손되었다. 그러니까 흉
할 수밖에 없는 것이다. 『주역』은 항상 '아래에서 위로'라는 삶의 방
식, 즉 진리로 되돌아가려는 회귀방식을 존중한다. 진리는 '위에서 아
래로'의 방향으로 비춰주기 때문이다. 따라서 하늘과 진리에 대한 외
경심이 사람됨의 근거인 것이다.

☞ 진리에 대한 외경심이 바로 중용을 싹트게 하는 원동력
이다.

9. 5효 : 미[嘉]에 대한 믿음[孚]의 종착지는 길吉

★ 九五는 孚于嘉니 吉하니라

象曰 孚于嘉吉은 位正中也일새라

구오는 아름다움에 미더우니 길하다. 상전에 이르기를 '아름다움
에 미더워 길함'은 그 자리가 정중하기 때문이다.

5효는 양이 양위陽位에, 상괘의 중도이며, 또한 하괘의 2효와도 상응
한다[中正]. 최고의 덕목을 갖췄다. 부孚와 가嘉와 길吉은 각각 진리에
대한 믿음, 아름다움의 총화인 선善, 가치의 종착지를 가리킨다.

5효는 2효에 잘 따르고 있다. 2효는 음이 음위에 있어 아름다움이
더욱 빛나고 있다. 거기에 믿음을 두고 있으니 길하다. 중中은 우주의
배꼽, 즉 옴빠로스다. 진리의 심장부와 맞닿아 있는 핵심이다. 그 상태
에서 일어나는 행위는 항상 정당하다[正].

☞ 중용에 들어맞는 정의[正中]가 진선미의 핵심이다.

10. 상효 : 하늘의 의지는 오직 불변의 마음을 통해

$$\text{★ 上六}^{\text{상육}}_{\text{은}} \text{ 拘係之}^{\text{구계지}}_{\text{요}} \text{ 乃從維之}^{\text{내종유지}}_{\text{니}}$$

$$\text{王用亨}^{\text{왕용형}}(\text{享})^{\text{향}} \text{于西山}^{\text{우서산}}_{\text{이로다}}$$

$$\text{象曰}^{\text{상왈}} \text{ 拘係之}^{\text{구계지}}_{\text{는}} \text{ 上窮也}^{\text{상궁야}}_{\text{라}}$$

상육은 붙잡아 묶어놓고 좇아서 동여매니 왕이 서산에서 형통하
도다. 상전에 이르기를 '붙잡아 묶어놓음'은 위에서 궁함이다.

구拘는 갈고리에 잡혀 꼼짝 못하는 상태를 뜻한다. 상효는 더 이상
나아갈 수 없다. 그 앞은 천길 낭떠러지다. 좇아가 동여매어 굴러 떨어
지지 않도록 한다. '따름'에 대한 풀이는 세 가지이다. 정치윤리적 해
석, 점서적 풀이, 종교적 풀이가 바로 그것이다. 우선 '문왕의 덕'이라
고 윤리적으로 풀이한 정이천의 견해를 들어보자.

옛날 문왕의 조상이었던 태왕大王이 빈豳 땅에 살았을 때, 오랑캐의
난리를 피하여 고향땅을 버리고 기산岐山 아래로 이사했다. 빈 땅의
늙은이와 어린이가 붙들고 잡고 따르기를 시장에 돌아가듯 했는데,
인심의 따름이 이와 같았다고 한다.

'따른다'는 행위의 동기는 마음에서 비롯된다. 말은 마음의 자취요,
행위는 마음의 표출이다. 마음은 의식이 지향하는 바이다. 마음 가는
곳에 의식도 따라간다. 마음 가지 않는 곳에는 아무런 사물도 영혼도
없다. 이러한 마음을 굳게 결속하는 의지가 하늘의 심장부와 신의 세
계까지 꿰뚫는다.

정이천의 해석과는 다르게 주자는 '형亨'을 형통하다고 하지 않고, 제사드린다는 의미의 향享으로 풀이했다. 그는 점서의 궁극적 경지와 종교의 세계를 구분하지 않았던 것이다. "'따름'의 궁극적 경계에 위치하여 따르기를 굳게 맺어 풀 수 없는 것이니 성의의 지극함이 신명을 통할 수 있다."[53]

☞ 『주역』이 말하는 최고의 인식과 가치는 하늘의 인격성을 아는 것으로 귀결된다.

11. 주역에서 정역으로

정역사상의 연구자 이상룡李象龍은 수괘의 성격을 다음과 같이 설명한다.

隨는在文爲陽左旋而陰隨하고夫唱婦隨之道也라

爲卦雷動澤中이니澤隨而變革之象이라

又兌金震木이요說而相隨하여遇克成器之義也라

而凡有蠱壞면則隨以變易不易之理니

故隨所以次蠱也라

53『주역본의』, "居隨之極하여隨之固結而不可解者也니 誠意之極이 可通神明이라."

'수'는 문자로는 양이 왼쪽으로 돌면 음이 따르고, 남편이 앞장서면 아내가 뒤따르는 도리가 담겨 있다. 괘의 구성은 우레가 연못 속에서 움직이므로 연못이 따르는 변혁의 모습이다. 또한 태兌는 금金이고, 진震은 목木으로 기뻐서 서로 따르는 형국으로 능히 그릇[器]을 이루는 때를 만난다는 뜻이다. 그런데 무릇 벌레 먹으면 따라서 변역하는 것이 불변의 이치이기 때문에 수괘가 고괘 다음에 온 것이다.

彖曰隨는元亨하니利貞이라无咎리라는隨時從道也라

* 단전- "크게 형통하니 올바름이 이롭다. 허물이 없을 것이다"라는 것은 시간의 흐름에 따라 도를 좇는다는 뜻이다.

象曰君子以하여嚮晦入宴息하나니라는

體十有晦하여天下歸宿也라

* 상전- "군자는 이를 본받아 그믐을 향하여 들어가서 편안히 쉰다"는 말은 10수를 본체로 삼는 그믐이 생기면 천하가 그곳에서 머문다는 뜻이다.

初九는官有渝니貞이면吉함은居下得民善變也요

出門交면有功하리라는普結賢俊也라

* 초효- "직분에 변하는 일이 있으니 올바르면 길하다"는 것은 아래에 있으면서 백성들이 선善으로 변하는 것을 얻는다는 뜻이며, "문밖에 나가 사귀면 공이 있을 것이다"라는 말은 두루 현명한

준걸과 사귄다는 뜻이다.

육이 계소자 실장부 니소실대야
六二는 係小子면 失丈夫하리라는 栎小失大也라

* 2효-"소자에 얽매이면 장부를 잃을 것이다"라는 말은 작은 것
에 얽매어 큰 것을 잃는다는 뜻이다.

육삼 계장부 실소자 지원이홀근야
六三은 係丈夫하고 失小子함은 志遠而忽近也요

수 유구 득 이거정
隨에 有求를 得하나 利居貞하니라는

동극이열 의기유정야
動極而說하여 宜其由正也라

* 3효-"장부에 얽매이고 소자를 잃는다"는 것은 뜻이 너무 멀어
가까운 것을 소홀히 한다는 것이며, "따름에 구함을 얻으나, 올바
름에 거처함이 이롭다"는 말은 움직임이 극한에 이르러 기쁘고,
올바름으로 말미암는 것이 마땅하다는 뜻이다.

구사 수 유획 정 흉
九四는 隨에 有獲이면 貞이라도 凶함은

탐천지공이귀기야
耽天之功而歸己也요

유부 재도 이명 하구 기명차철야
有孚코 在道코 以明이면 何咎리오는 旣明且哲也라

* 4효-"따름에 얻음이 있으면 올바르더라도 흉하다"라는 말은 하
늘의 공덕을 즐겨서 자신에게로 돌아간다는 것이고, "믿음이 있
고, 도에 있고 밝음으로써 하면 무슨 허물이리오?"라는 것은 이미
밝고 현명하다는 뜻이다.

^{구 오   부 우 가   길} ^{군 기 가 례   방 국 유 경 야}
九五는 孚于嘉니 吉하리라는 君旣嘉禮면 邦國有慶也라

* 5효-"아름다움에 미더우니 길하다"는 말은 군주가 이미 아름
다운 예를 갖추고 있으면 나라에 경사가 있다는 뜻이다.

^{상 구   구 계 지   내 종 유 지   욕 변 이 미 능 야}
上九는 拘係之요 乃從維之는 欲變而未能也요

^{왕 용 향 우 서 산} ^{왕 도 주 편 우 곤 서 야}
王用亨于西山이로다는 王道周遍于崑西也라

* 상효-"붙잡아 묶어놓고 좇아서 동여맨다"는 말은 변화하려 하
지만 할 수 없다는 것이며, "왕이 서산에서 형통하도다"라는 것은
왕도가 두루두루 곤륜산 서쪽에 미친다는 뜻이다.

풍　뇌　익　괘

風雷益卦

익益은 보태다、증가하다、유익하다는 뜻으로 덜어내다는 의미의 손損과 반대어다。실제로 익괘를 뒤집어엎으면 손괘가 된다。익괘는 위가 바람이고、아래는 우레로서 바람과 우레가 서로를 격려하여 에너지의 상승효과를 부추기는 것을 상징한다。우레와 바람은 적대 관계라기보다는 동지 관계이다。

Chapter 7

풍뇌익괘風雷益卦
참다운 이익

1. 진정한 이로움은 덜어내는 것에 있다 : 익괘

정이천은 산택손괘山澤損卦(䷨) 다음에 풍뇌익괘(䷩)가 오는 이유를 다음과 같이 말한다.

익　서괘　손이불이　필익
益은 **序卦**에 **損而不已**면 **必益**이라

고수지이익　　　성쇠손익　여순환
故受之以益이라 하니라 **盛衰損益**은 **如循環**하여

손극필익　리자연　　손소이계손야
損極必益은 **理自然**이니 **益所以繼損也**라

위괘손상진하　뇌풍이물　상익자야
爲卦巽上震下하니 **雷風二物**은 **相益者也**라

풍열즉뇌신　뇌격즉풍노　양상조익
風烈則雷迅하고 **雷激則風怒**하여 **兩相助益**하니

소 이 위 익   차   이 상 언 야
所以爲益이니 此는 以象言也라

진 손 이 괘 개 유 하 변 이 성
巽震二卦皆由下變而成하니

양 변 이 위 음 자   손 야   음 변 이 위 양 자   익 야
陽變而爲陰者는 損也요 陰變而爲陽者는 益也라

상 괘 손 이 하 괘 익   손 상 익 하   손 이 위 익
上卦損而下卦益하니 損上益下는 損以爲益이니

차   이 의 언 야   하 후 즉 상 안
此는 以義言也라 下厚則上安이라

고 익 하 위 익
故益下爲益이라

익괘는 「서괘전」에 '덜어내기를 그치지 않으면 반드시 더해준다.
그러므로 익괘로 이어받았다'고 했다. 성쇠와 손익은 고리를 도는
것과 같아 덜어냄이 극단에 이르면 반드시 더해줌은 이치의 자연
스러움이니, 익괘가 손괘를 이은 까닭이다. 괘의 형성은 손이 위
에 있고 진이 아래에 있으니, 우레와 바람 둘은 서로 보태주는 것
이다. 바람이 맹렬하면 우레는 빨라지고 우레가 격렬하면 바람은
거세어져 둘이 서로 돕고 보태주는 까닭에 익이라 한 것인데, 이
는 형상으로 말한 것이다. 손과 진 두 괘는 모두 아래가 변함으로
말미암아 이루어졌으니 양이 변하여 음이 된 것은 손괘요, 음이
변하여 양이 된 것은 익괘이다. 상괘가 덜려서 하괘에 보태졌으니
위를 덜어 아래에 보태줌은 덜어서 유익함이 되는 것이니, 이는
의리로써 말한 것이다. 아래가 두터우면 위가 편안해진다. 그러므
로 아래를 보태줌은 익이 되는 것이다.

'익益'은 보태다, 증가하다, 유익하다는 뜻으로 덜어내다는 의미의
손損과 반대이다. 실제로 손괘를 180° 뒤집어엎으면 익괘가 된다. 익괘
는 위가 바람[巽: ☴]이고, 아래는 우레[雷: ☳]로서 바람과 우레는 서

로를 격려하여 에너지의 상승효과를 부추긴다. 우레가 힘껏 내리치면 바람도 거세지고, 바람이 거셀수록 우레 역시 우렁참을 뽐낸다. 우레와 바람은 적대적 관계라기보다는 동지 관계이다.

손괘의 원형이 지천태괘地天泰卦(䷊)였다면, 익괘의 원형은 천지비괘天地否卦(䷋)다. 비괘의 4효를 덜어서 초효로 보내면, 즉 4효와 초효를 맞바꾸면 풍뇌익괘가 되는 것이다. 손괘가 아래 것을 덜어서 위로 보탰다면, 익괘는 윗것을 덜어서 아래로 보탠다는 점이 다르다. 바꾸어 말하면 손괘 속에는 익괘의 원리가, 익괘 속에는 손괘의 원리가 내재되어 있다는 것이다. 따라서 잠시 손해본다고 실망할 필요 없고, 한 순간 이익본다고 기뻐할 이유도 없다. 손괘와 익괘가 서로 내부의 조직을 맞바꿈으로써 새로운 변화가 창조됨을 암시하는 것이다.

한편 손괘가 택산함괘澤山咸卦에서 비롯되었다면, 익괘는 뇌풍항괘雷風恒卦에서 연유한다. 이들은 각각 내부(하괘)와 외부(상괘)가 자리이동한 결과이다. 항괘는 부부가 결합하여 가정을 이루어 살아가는 이법을 설명한다. 가정이 항구적으로 존속해야 자손이 퍼져 사회가 번성할 수 있듯이 자손이 번성하여야 사회에 도움[益]이 될 수 있다. 항괘와 익괘의 원리에 따라 살아야 이익을 거둘 수 있는 것이다.

2. 익괘 : 인류의 이익을 위해서는 모험이 필요

★ 益은 利有攸往하며 利涉大川하니라

익은 가는 바를 둠이 이로우며, 큰 내를 건너는 것이 이롭다.

패사에는 이로움[利]이 두 번 나온다. 보태면 보탤수록 이롭다는 뜻이다. 익괘는 머뭇거림 없이 삶의 여행을 떠날 때 이롭다고 말한다. 지속적인 전진이 없으면 이로움을 기대할 수 없다. 그리고 평생 한 번밖에 경험할 수 없는 큰 강마저 야심차게 건널 모험을 강행하라고 요구한다.

손괘가 '아래 것을 덜어 위로 보태주는[損下益上]' 운동방식이었다면, 익괘는 '위 것을 덜어 아래에 더해주는[損上益下]' 방식을 취한다. 자연과 역사는 올리고 내리는 파동의 양상으로 움직인다. 익괘는 위의 양을 덜어내minus 아래에 보태어plus 상하 모두에게 유익한 결과를 가져온다.

하지만 손괘와 익괘는 실질의 차이점이 있다. 전자가 하부조직의 재물을 덜어서 상부조직에 도움을 주는 체계라면, 후자는 상층부의 재물을 덜어서 하층부에 도움을 주어 위 아래가 공동으로 이익을 거두는 이른바 '윈-윈win-win' 작전의 성공을 뜻한다.

☞ 자연의 진화와 역사의 발전은 보태고[益] 덜어내는[損] 방식으로 움직인다.

---

3. 단전 : 천지의 목적은 부족함을 돕는 것에 있다

단 왈 익 손 상 익 하 민 열 무 강
* 彖曰益은 損上益下하니 民說无疆이요

자 상 하 하　　기 도 대 광
自上下下하니 其道大光이라

이 유 유 왕　중 정　　유 경
利有攸往은 中正하여 有慶이요

이 섭 대 천　목 도 내 행
利涉大川은 木道乃行이라

익　동 이 손　　일 진 무 강　　천 시 지 생
益은 動而巽하야 日進无疆하며 天施地生하여

기 익　　무 방　　범 익 지 도 여 시 해 행
其益이 无方하니 凡益之道與時偕行하나니라

단전에 이르기를 익은 위를 덜어서 아래에 보탬이니 백성들이 기뻐함이 끝이 없음이요, 위로부터 아래로 내리니 그 도가 크게 빛난다. '가는 바를 둠이 이로움'은 적중하고 올바르게 하여 경사가 있음이요, '큰 내를 건너는 것이 이로움'은 동방 목의 이치가 행해지는 것이다. 익은 움직이고 공손해서 날마다 나아감이 끝이 없으며, 하늘은 생명을 베풀고 땅은 낳아서 그 유익함이 방소가 없으니, 무릇 익의 도가 때(시간의 정신)와 더불어 함께 실행하는 것이다.

현실에서는 나라의 부강이 먼저인가[國富], 아니면 백성이 잘 사는 것이 우선인가[民富]라는 정책의 차이가 있다. 국가는 부자일지언정 국민이 가난에 쪼들리면 정부는 돈을 풀어 민생을 돌보아야 하고, 국민 각자는 저축이 많더라도 나라가 가난하면 국가는 세금을 거둬들여 국고를 튼튼하게 만들어야 한다. 나라 재정을 풀어 민생을 안정시키면 국민의 기쁨은 두 배가 되어 국가의 영광이 돋보인다[自上下下, 其道大光]. 국민에게 이로우면 통치자 역시 이롭다. 국민이 배고프면 정치가 안정될 수 없고, 국민이 부유하면 정부도 여유가 생겨 복지에 힘쓸 수 있다.

지혜로운 위정자는 윗 것을 덜어서 아래에 보태는 도리를 실천하여 역사에 길이 빛나는 자취를 남긴다. 이처럼「단전」은 천지비괘天地否卦(䷋)의 4효가 초효로 내려와 변화하면 풍뇌익괘風雷益卦(䷩)가 된다고 괘상의 변화로 설명하고 있는 것이다.

괘사에서 말하는 '가는 바를 둠이 이롭다[利有攸往]'와 '큰 내를 건너는 것이 이롭다[利涉大川]'는 무엇이 어떻게 다른가.「단전」은 이에 대해 괘와 효의 모습을 중심으로 도덕적으로 풀이했다. 익괘는 5효와 2효가 각각 중정中正의 길로 상응하기 때문에 상하가 모두 이익을 얻는 형상이다.

비록 손괘와 익괘는 반대이지만, 손괘의 5효와 2효가 변해서 익괘의 2효와 5효가 되어 각각 중정中正의 자리를 차지하는 까닭에 앞으로 나아가면 만사형통하여 이롭다. 그러므로 하는 일마다 경사로운 일이 생기고, 태평양 같이 넓은 바다를 거침없이 건너도 하등 불리할 것이 없다고 하겠다.

'큰 내를 건너는 것이 이롭다'함은 무엇일까? 기존의 해석들은 한결같이 상괘 손巽은 나무를 상징하기 때문에 나무로 만든 배를 타고 건너면 못 건널 것이 없다고 했다. 육로로 다닐 수 없는 길은 수로를 이용하면 쉽게 다닐 수 있는 까닭에 목도木道가 유리하다고 풀이했다. 그렇다면 목도木道와 익도益道의 차이점은 무엇인가?「설괘전」은 익괘의 상체 손괘을 나무와 바람이라고 했다.[54] 바람을 이용해 나무를 깎아 만든 배나 뗏목을 타고 큰 강을 건너는 수단을 가리킨다.

이것을 잘 대변하는 것이 바로 『주역』 59번 째 풍수환괘風水渙卦(☴☵)에 대한 「계사전」의 설명이다.

> "나무를 뽀개 배를 만들고 나무를 깎아 노를 만들어 배와 노의 이로움으로 교통하지 못하는 데를 건너서 먼 곳에 이르게 하여 천하를 이롭게 하니, 대개 환괘의 원리에서 취한다."[55]

배타고 '큰 내를 건너는 것이 이롭다[利涉大川]'와 연관된 괘는 세 곳이다. 풍수환괘와 풍택중부괘風澤中孚卦와 풍뇌익괘가 그것이다.[56] 거기에는 공통적으로 괘의 명칭에 바람과 물과 연못이 등장하고, 곁들여서 나무[木]로 만든 배가 나타난다.

환괘와 중부괘가 바람에 의지해 강을 건너는 배의 역할에 주목했다면, 익괘는 괘의 구조가 증명하듯이 아래에서는 우레로서 움직이고 [雷以動之: ☳] 위로는 바람으로 흩어지게 하는[風以散之: ☴][57] 신바람[神風]을 만들어 새로운 창조적 기능을 산출한다. 그래서 「계사전」

---

54 「설괘전」11장, "巽은 爲木爲風"

55 「계사전」하편 2장, "刳木爲舟하고 刻木爲楫하여 舟楫之利로 以濟不通하여 致遠以利天下하니 蓋取諸渙하고"

56 ① 환괘, "利涉大川은 乘木有功也라" ② 중부괘, "利涉大川은 乘木虛舟也라" ③ 익괘, "利涉大川은 木道乃行也라"

57 「설괘전」4장의 내용은 만물 형성의 원리를 설명한 것으로 알려져 있다. "雷以動之코 風以散之코 雨以潤之코 日以晅之코 艮以止之코 兌以說之코 乾以君之코 坤以藏之하나니라"

은 익괘의 효능을 배의 기능에 국한시키지 않고 "나무를 깍아 보습을 만들고, 나무를 구부려 쟁기를 만들어 밭갈고 김매는 이로움으로써 천하를 가르치니, 대개 익괘의 원리에서 취했다"[58]고 하여 인류와 천하를 가르치는 이익이라고 규정하여 환괘 또는 중부괘의 의미와 차별화시켰던 것이다.

따라서 익괘는 배의 효용성을 가리키는 구체적인 목도木道라기보다는 천지의 무한한 생성력을 찬양하는 내용으로 보는 것이 옳다. 하늘은 생명을 베풀고 땅은 그 은혜를 받아 만물을 낳고 일궈내는 [天施地生] 위대한 창조성이 바로 익도益道(= 木道)이다. 익도의 혜택은 대자연에게 골고루 끼쳐 공간적으로 무한하다. 공간의 지평 위에 존재하는 동식물 모두에게 은혜를 베풀기 때문에 '익괘의 도'는 시간과 더불어 진행되는 것이다.

천지의 목적은 부족함을 돕는 것에 있다. 천지가 부족하지 않는데도 보태주는 것은 오히려 역효과를 불러온다. 보태주는 이치는 때(시간의 정신)에 맞추어 자연스럽게 이루어져야 한다. 천지는 춘하추동이라는 시간의 리듬에 맞추어 만물을 생성화육시킨다. 천지는 씨앗 뿌리는 봄에 열매 맺도록 하지 않으며, 또한 여름에 눈을 내리는 법은 시간의 본성에도 어긋난다. 항상 때에 알맞도록 생명을 살리고 죽여 천지의 순환을 유지하는 것이다. 시간과 함께하는 천지의 숨결이야말로 생명의 위대한 작용인 것이다.

---

58 「계사전」하편 2장, "斷木爲耜하고 揉木爲耒하여 耒耨之利로 以敎天下하니 蓋取諸益하고"

『주역』에서 말하는 시간은 죽음과 두려움을 알려주는 파멸의 바이러스가 아니라, 생명의 바다를 새로운 양태로 재창조하는 긍정과 희망의 원천이다. 『주역』의 시간관은 인과율에 구속되지 않는다. 시간은 과거와 현재와 미래를 관통하면서 생명을 열어가는 작용을 본질로 삼는 까닭에 모든 생명체에게 한없이 유익한 존재인 것이다.

> ☞ 시간과 함께 움직이는 생명의 위대한 작용이 곧 천지의 숨결이다.

4. 상전 : 소인들이여, 개과천선하라!

$*$ 象曰風雷益이니 君子以하여
상 왈 풍 뇌 익   군 자 이

見善則遷하고 有過則改하나니라
견 선 즉 천   유 과 즉 개

상전에 이르기를 바람과 우레가 익이니, 군자는 이를 본받아 선을 보면 옮기고 허물이 있으면 고친다.

64괘의 「상전」에 나타난 공통점은 하늘, 땅, 우레, 불, 연못, 바람, 물, 산이 어떻게 결합되었는가의 방식에 따라 군자가 지향하는 올곧은 삶의 양식을 일깨우는 것에 있다. 익괘를 구성하는 바람과 우레는 서로 도움을 주는 관계로서 생명을 약동시키는 힘찬 에너지를 표상한다. 인간은 자연의 율동을 표본삼아 마음의 향방을 결정하면 된다.

익괘 「상전」의 술어는 윤리적 덕목을 표방한다. 군자는 자신의 허물이 조금이라도 보이면 세찬 바람에 흔적도 없이 흩날려 버리듯이 하고, 선을 보면 우레와 같은 빠르기로 전파하여 사회를 미풍양속의 전당으로 고쳐야 할 당위성이 있다. 악을 보고도 꿀먹은 벙어리처럼 행동한다면 그것은 이미 군자로서의 자격미달이다. 손괘가 '징분질욕懲忿窒欲'을 말하여 자신을 한층 낮추는 수신을 강조했다면, 익괘는 '개과천선改過遷善'하여 자신의 몸값을 한껏 높이라고 독려하고 있다.

군자는 선행을 목격하면 온 몸으로 따르고, 과오가 있으면 신속하게 바로잡는다. 타인의 언행이 옳으면 기꺼이 본받고, 자신의 잘못은 과감하게 고쳐 인격함양에 힘쓴다. 인격도야는 마음을 치유healing하는 것으로부터 비롯된다. 육체는 누구라도 볼 수 있지만 마음은 아무도 들여다볼 수 없다. 허물은 마음에 덕지덕지 때가 묻은 것을 뜻한다. 허물벗기는 곧 자신의 본성을 깨닫는 일로서 참으로 어려운 일이 아닐 수 없다. 그것은 자신의 감추어진 허물을 아는 것이 두렵기 때문인지도 모른다.

왜 선에는 증명이 필요하고 악은 증명이 필요 없다고 주장하는가? 사람들은 흔히 자신은 빛이고 타인은 암흑이라고 착각한다. 하지만 마음이 갖는 가장 신비로운 것 중의 하나가 누구나 마음 속 깊은 곳으로부터 선을 추구한다는 사실이다. 『주역』과 유교는 모든 것을 자신으로부터 사유하고 실천할 것을 강조한다. 인간은 허물을 고치고 거듭나야 비로소 새롭게 태어날 수 있다. 석가모니는 보리수 아래서 깨달은 다음에 전세계를 변화시켰다. 불교는 깨달음을 얻은(부처가 된) 이후와 깨달음을 얻기 전(중생)은 그 차원이 전혀 다르다고 역설한다.

개과천선改過遷善은 익괘에서 비롯된 명언으로서 고사성어에 자주 등장하는 단골 메뉴이다. 개과천선에 얽힌 재미있는 얘기가 있다.[59]

진晉나라 때, 아버지가 오吳의 파양태수鄱陽太守였던 의흥義興 땅 양선陽羨 사람 주처周處라는 사람이 살았다. 어려서 고아가 된 그는 약관의 나이에도 불구하고 남달리 힘이 세 말달려 사냥하기를 즐겼다. 작은 일에는 관심두지 않으면서부터 점차 마음은 방탕해지고 남을 두들겨패자 마을사람들이 두려워했다. 사람들이 자신을 미워하는 것을 알게 되자마자 기꺼이 허물을 고치려는 의지를 품고 마을 어르신에게 물었다. "지금은 세상이 평안하여 모두가 먹고 살 근심 없이 잘 사는데 왜 얼굴을 찡그리고 즐기지 않습니까?" "세 가지 해로움[三害]을 없애지 못했는데, 어찌 평안하다고 할 수 있겠나?"라고 어르신이 대답했다. 주처가 묻기를 "무슨 말씀입니까?" "남산南山에 사는 흰 이마를 한 맹수와 장교長橋 아래에 사는 교룡[蛟]과 아울러 자네를 '삼해三害'라 부른다네." "이것이 만약 우환이라면 제가 능히 제거할 수 있습니다"라고 말했다. 어르신은 "자네가 제거한다면 고을의 큰 경사일 따름일세"라고 말했다. 주처는 곧바로 산에 들어가 맹수를 사살했고, 물에 들어가서는 교룡을 때리자 교룡이 물 속에 가라앉고 뜨기를 수 십리 동안 반복했다. 그가 3일 밤낮에 걸쳐 교룡을 둘러메치자 그제서야 사람들은 죽었다고 말하면서 모두가 축하했다. 주처가 과연 교룡을 죽이고 귀환하자 마을사람들이 좋아한다는 것을 들었으나, 처음으로 사람들이 자신을 심하게 무서워한다는 것을 알고서는 마침내 오吳의 육씨 형제를 찾아갔다. 그때 육기陸機가 부재중였기 때문에 육운陸雲을 만나서 그 동안의 사정을 얘기하면서

59 이 내용은 唐 房玄齡 等撰 『진서晉書』권58 「열전列傳」28, "周處"에 나온다(북경: 중화서국, 1996), 1569쪽 참조.

"수신에 힘쓰고자 하나 나이는 먹고 늦은 감이 들어 뜻을 이루지 못할까 두렸습니다"라고 말했다. "옛사람들은 아침에 허물을 들으면 저녁에 고치는 것을 귀하게 여겼는데, 자네는 아직 젊어 전도가 유망하고 뜻을 세워 이름 드높이는 것은 충분하네!"라고 육운이 말했다. 주처는 드디어 뜻을 세워 학문에 임했는데, 한참 뒤에 오吳의 동관좌승東觀左丞이라는 벼슬에 올랐다.

허물이 있는데도 고치지 않는 것이 가장 큰 허물이다. 공자는 "허물이 있으면 고치기를 꺼리지 말라"[60]고 하여 개관천선이 수신의 첫걸음이라고 말했다. 『심경부주心經附註』는 특별히 "천선개과장遷善改過章"을 실어 마음닦기와 수신修身의 중요성을 강조하고 있다.

> "선을 보고 능히 옮겨가면 천하의 선을 다할 수 있고, 허물이 있을 적에 능히 고치면 허물이 없어지니 사람에게 유익함이 이보다 더 큰 것이 없다."
> "선에 옮겨가기를 바람의 신속함처럼 하고, 허물 고치기를 우레의 맹렬함처럼 해야 한다."
> "'천선'이라는 글자는 가볍고 '개과'라는 글자는 무거우니, '천선'은 색깔이 옅은 물건을 희게 하는 것과 같고, '개과'는 새까만 물건을 희게 하는 것과 같다."
> "손괘와 익괘의 뜻이 큰데, 성인이 오직 분노를 징계하고 욕심을 막으며, 선을 옮겨가고 허물 고치는 것만을 취했으니, 이는 어째서인가? 마음을 올바르게 하고 몸을 닦는 것은 학문의 큰 실마리이고, 제가치국평천하의 근본이기 때문이다."[61]

---

60 『논어』「위정편」, "過則勿憚改니라"

61 『심경부주』「천선개과장」, ① "程子曰 見善能遷이면 則可以盡天下之善이요 有過能改면 則無過矣니 益於人者莫大於是니라" ② "朱子曰 遷善을 當如風之速이요 改過를 當如雷之猛이니라" ③ "遷善字는 輕하고 改過字는 重하니 遷善을

'개과천선'의 교훈은 『주역』의 전유물이 결코 아니다. 허물 고치기는 세계의 모든 종교에서 가르치는 최고의 언어다. 예수는 "너희는 너희 형제의 눈 속에 있는 티는 보면서 너희 자신의 눈 속에 있는 들보는 보지 못한다. 너희가 너희 자신의 눈 속에 있는 들보를 들어 내어라. 그 후에야 너희가 밝게 보고, 너희 형제의 눈 속에 있는 티를 빼 줄 수 있으리라"고 외쳤다.

선 쌓기를 게을리 하면 좀팽이에 지나지 않고, 허물 고치기를 게을리 하면 머지않아 악인이 되기 쉽다. 허물 고치기의 중요성을 모르는 이는 아무도 없다. 허물은 알기 쉬워도 고치기가 매우 어렵다는 뜻이다. 허물 고치기에 힘쓰면 누구든지 군자와 성인이 될 수 있음을 알아야 할 것이다.

> ☞ 군자는 자연의 율동을 표본으로 삼아 마음의 향방을 결정한다.

5. 초효 : 가능성을 현실화시킬 수 있는 때를 포착하라!

초구　이용위대작　원길　무구
★ 初九는 利用爲大作이니 **元吉**이라야 **无咎**리라

상왈원길무구　하불후사야
象曰 元吉无咎는 **下不厚事也**일새라

如滲淡之物을 要使之白이요 改過는 如黑之物을 要使之白이니" ④ "勉齋黃氏曰 損益之義大矣어늘 聖人이 獨有取於懲忿窒慾遷善改過는 何哉오 正心修身者는 學問之大端이요 而齊家治國平天下之本也라"

초구는 크게 일 벌이는 것이 이로우니, 원래 길하여 허물이 없을 것이다. 상전에 이르기를 '원래 길하여 허물이 없음'은 아래가 두터운 일을 못하기 때문이다.

초효는 진괘[震:☳]의 주인공으로서 떨쳐 일어나려는 시초의 단계다. 쓸 용用은 하다[以: do]는 의미의 동사로 쓰였다. 초효는 신분이 낮은 백성이고, 대작大作은 농사일을 뜻한다. 농사꾼은 농사짓는 일이 큰 사업이다. 4효 신하에게서 신임 받아 농업에 종사하면 크게 길하다. 만약 농사꾼이 생업을 팽개치고 장사에 손대는 일은 허물 짓는 행위다.

농사꾼은 농사를 천직으로 안다. 순진한 농부는 돈벌이에 급급하지 않는다. 초효 농사꾼은 욕심부리지 않고 농사 자체를 중대한 일이라고 생각하기 때문에 순탄한 삶을 산다. 땅은 속이지 않는다. 땀 흘린 만큼 풍작을 기대할 수 있듯이, 착한 농사꾼은 무모한 일을 크게 벌이려 계획하지 않는다.

☞ 자신에게 알맞은 일을 하는 것이 가장 큰 사업이다.

6. 2효 : 종교 세계에 들어가는 열쇠는 상제

육이　혹익지　십붕지
* 六二는 或益之면 十朋之라

귀　불극위　영정　길
龜도 弗克違나 永貞이면 吉하니

육이는 혹 보태면 열 명의 벗이다. 거북도 능히 어기지 않으나 영
구토록 올바르게 하면 길하니, 왕이 상제께 제사를 지내더라도 길
할 것이다. 상전에 이르기를 '혹 보탠다는 것'은 밖으로부터 오는
것이다.

　2효는 5효와 더불어 익괘의 주효主爻다. 익괘 2효는 손괘 5효로부터
왔다. 익괘 2효와 손괘 5효의 자리바꿈에 의해 괘의 형태뿐만 아니라
그 내용도 달라지는 것이다. 손괘 5효는 열 명의 벗이 보따리를 지고
와서 유익함을 보탰다면, 익괘는 2효에 열 명의 응원군이 달려와 원조
하는 모습이다.

　2효는 음이 음자리에 있고[正], 하괘의 중용[中]이며, 강건한 5효와
최상의 파트너를 이루고 있다. 2효는 시대정신과 부합하고 5효로부터
각별한 신임을 받는 까닭에 누군들 도와주지 않겠는가. 스무 닢의 돈
이 들어가는 값비싼 거북점을 치더라도 좋은 결과가 기대된다.

　'열 명의 벗[十朋]'이 상수론적으로 10수의 하도라면, 거북은 9수의
낙서다. 낙서원리(거북)가 어기지 않는다는 말은 하도원리에 순응한다
는 뜻이다. 손괘 5효가 익괘 2효로 바뀜은 상괘와 하괘의 교체, 내부
조직과 외부조직의 교체, 겉과 속의 교체는 한마디로 본체와 현상의
전환을 통해 이루어진다. 전환기에 자기동일성을 확보할 수 있는 조건
은 언제 어디서나 진리[正當性]를 붙잡는 행위이다.

『주역』의 종교세계에 들어가는 열쇠는 최고 숭배 대상인 상제이다. 『주역』에는 보기 드물게 상제가 등장하는데, 상제에게 제사 올릴 수 있는 존재는 오로지 왕뿐이다. 동양 문화권에서는 하늘의 뜻을 정치에 구현하는 왕을 하늘의 진정한 아들이라는 의미에서 천자天子로 불렀다. 천자는 하늘의 뜻을 받들어 통치하므로 그 권위는 항상 하늘에게서 부여받는다.

도움의 주체가 바깥에 존재한다는 효상爻象의 풀이는 매우 멋지다. 천자가 상제에게 제사 올리는 의례는 신성한 종교 행사였다. 천자와 상제는 그 위격이 엄연히 다르다. 천자만이 상제에게 제사드릴 수 있는 자격이 있다. 상제는 종교적 숭배의 대상이며, 천자는 숭배하는 주체이다. 상제는 만유생명의 본원이자 진리의 근거이다. 동양의 종교가 상제에서 비롯되었다고 할 때, 상제는 외재적 존재[自外來也]이지 단순히 인간의 도덕성으로 주체화된 내면적 존재가 아님을 알 수 있는 대목이다.

☞ 진실로 중정의 길을 걸으면 외부로부터 도움이 온다.

7. 3효 : 믿음[孚]과 중용(中)이 삶의 황금율

* 六三은 益之用凶事앤 无咎어니와

　有孚中行이라야 告公用圭리라

象曰 益用凶事는 固有之也일새라
<small>상 왈 익 용 흉 사　고 유 지 야</small>

육삼은 보탬을 흉한 일에 사용함에는 허물이 없거니와 믿음을 두고 중용을 실천해야 공에게 보고하여 홀을 쓸 수 있을 것이다. 상전에 이르기를 '보탬을 흉한 일에 사용함'은 굳게 두기 때문이다.

3효가 비록 부정不正과 부중不中의 상황이지만, 대세는 흉한 일에 보탬을 주어야 마땅하다. 국가에 흉년이 들거나 백성이 재난을 당했을 때는 발 벗고 나서야 옳다. 하괘의 맨 위에서 아랫사람들의 신임이 두텁기 때문에 재난구조에 힘쓰면 허물 짓지 않는다. 어려운 여건에서의 도움이 더욱 빛난다. 흉한 일에 몸소 뛰어드는 구조대의 활약은 희망의 전령사이다.

『주역』의 황금율은 믿음[孚 = 信]과 중용[中]이다. 신뢰가 밑받침되지 않은 행위는 가식과 허위에 불과하다. 흉년에 창고를 열어 백성들을 구휼하는 일은 당연하지만 관리 혼자의 판단으로 집행하기는 곤란하다. 사전에 상급자에게 문의하고 보고한 다음에 시행해야 옳다.

먼저 결재권자[公]에게서 허락을 얻은 다음에 창고를 여는 것이 최선이다. 하지만 시급한 일에는 사후보고도 가능함을 3효는 말한다. 즉 차선책으로 백성들에게 식량을 나눠줘 믿음을 심어주고, 그 결과를 상급자에게 사후결제를 받는 경우도 있다. 이때 상급자와 하급자의 신뢰성을 확인하는 수단이 바로 규圭이다. 규는 옥으로 만든 홀로서 하급자가 상급자의 명령을 수행할 때 손에 잡는 일종의 신표信標인 것이다. 그것은 옛날에 시행되었던 관리들의 횡령사건을 미연에 방지하기 위한 합리적인 방법이었다.

☞ 불행한 사람에게 보태주는 것에는 우선 순위가 없다.

8. 4효 : 국가의 안정은 상하의 협의에서 비롯된다

* 六四_는 中行^{이면} 告公從_{하리니}

利用爲依^며 遷國^{이니라}

象曰 告公從_은 以益志也^라

육사는 중도를 실행하면 왕공에게 보고해서 좇게 하리니(왕공이 허락하니), 의지하며 나라를 옮기는 것이 이롭다. 상전에 이르기를 '왕공에게 보고해서 좇게 함'은 보태려는 뜻이다.

4효는 음이 음자리에 있지만[正], 남에게 도움을 주어야 하는 때이다. 4효는 상괘의 밑바닥이지만[不中], 괘 전체에서 보면 3효와 4효는 '중中'이므로 각각 중행中行을 말했던 것이다. 신하가 왕을 보필하는 덕목은 오로지 중정의 길이기 때문이다. 신하가 중도에 입각한 정책을 건의하므로 왕 역시 따를 수밖에 없다는 것이다[告公從].

3효가 이제민에 대한 구휼정책을 얘기했다면, 4효는 도읍 옮기는 것을 언급한다. 수도를 옮기는 일은 전쟁 혹은 긴급상황이 아니면 불가능하다. 한 나라의 정치, 경제, 문화를 비롯한 국방의 중심지는 수도에 집중되는 것이 상례이다. 도읍을 옮긴다는 것은 국운을 바꿀만한 난제 중의 난제다. 백성을 이롭게 하는 다양한 방법 중에서 천도遷都는 국정을 좌우할 정도의 가장 힘든 일로 손꼽는다. 옛날에는 도읍을 옮기는 일이 많았다. 전쟁에서 비롯된 경우가 대부분이나 분명한 사실은 백성의 생명과 안전을 위하는 일이다.

국정의 안정은 상하의 협의와 합의를 중시하는 정신에서 비롯된다. 이미 신하와 임금 사이에 중도의 실천이라는 합의가 이루어졌고, 백성을 위한 정책이라는 대의명분이 세워졌다면 모든 사람의 신뢰를 받을 수 있다. 현재 세계 모든 나라의 헌법에는 국가의 존재이유를 국민의 생명과 재산을 보호하는 데에 있다고 명시되어 있다. '수도를 옮기니 이롭지 않음이 없다[利用爲依, 遷國]'는 것은 '백성을 이롭게 할 뜻[益志]'에 목적이 있다는 말로서 지금도 귀감이 되기에 충분하다.

☞ 대의명분이 서야 모든 사람의 신뢰를 받을 수 있다.

---

9. 5효 : 사랑은 아낌없이 베풀라

★ 九五는 有孚惠心이라

勿問하여도 元吉하니 有孚하여 惠我德하리라

象曰 有孚惠心이라

勿問之矣며 惠我德이 大得志也라

구오는 믿음을 두어 마음을 은혜롭게 하는 것이다. 묻지 않아도

크게 길하니, 믿음을 두어 내 덕을 은혜롭게 여길 것이다. 상전에
이르기를 '믿음을 두어 은혜롭게 하는 것이다. 물을 것도 없으며,
내 덕을 은혜롭게 여김'은 크게 뜻을 얻는다는 것이다.

64괘 384효는 각각 객관적 시간과 공간에 알맞는 처신을 말한다. 5
효는 중정中正의 위치에서 백성에게 유익한 정치를 베푸는 일에 몰두
하는 훌륭한 임금을 상징한다. 게다가 믿음에 바탕한 은혜로운 마음
으로 실천하므로 누구도 의심할 여지없이 크게 상서로울 것이라 단정
했다. 그래서 만민이 나의 은덕을 은혜로서 보답하는 것은 당연하다.
서양 속담에 "세상에는 공짜 점심이 없다"는 말이 있듯이, 이 세상은
'부메랑의 법칙'이 지배한다는 뜻이다.

사랑은 아낌없이 베풀라는 말이 있다. 이는 상대방에 대한 믿음이
없으면 불가능하다. 믿음은 신용사회로 나가는 지름길이다. 임금이 백
성을 사랑하는 마음으로 베풀면, 백성 역시 그 사랑에 보답하고 은혜
로운 마음을 품는다는 것이다. 앞의 '惠'와 뒤의 '惠'는 다르다. 전
자가 임금이 백성에게 베푸는 은혜라면, 후자는 임금의 은혜에 대한
백성들의 은혜로운 보답을 뜻한다.

인간을 사랑하는 마음씨는 아무리 몸집을 불려도 괜찮다. 성심
성의로 사랑하는 봉사정신은 백성들의 마음을 사로잡고도 남는다.
이런 내외의 사정을 감안하면, 괘사의 '큰 내를 건너는 것이 이롭다
[利涉大川]'는 말은 바로 강건중정한 5효를 두고 한 말이다. 믿음으로
은혜를 주고받기 때문에 천하를 움직일 수 있는 뜻을 얻는[大得志也]
것이다.

10. 상효 : 한 번 먹은 마음을 변하지 말라

＊ 上九_는 莫益之_라

或擊之_{러니} 立心勿恒_{이니} 凶_{하니라}

象曰莫益之_는 偏辭也_요 或擊之_는 自外來也_라

상구는 보태는 사람이 없다. 혹시 공격하니 마음을 세우고도 항상하지 못하니 흉하다. 상전에 이르기를 '보태는 사람이 없음'은 편벽하다는 말이요, '혹시 공격한다'는 말은 밖으로부터 오는 것이다.

상효에 이르면 5효와 정면으로 배치되는 상황이 전개된다. 상효는 중정의 마음과 이성을 잃은 나머지 오히려 공격하는 사람이 생긴다고 했다. 욕심을 무한정 추구하는 까닭에 뭇사람들이 들이대는 국면이 발생한다는 것이다. 아랫사람을 이롭게 하는 정신을 망각하여 흉한 지경을 초래한다. 뇌풍항괘가 '입불역방立不易方'을 강조했다면, 풍뇌익괘는 일정한 마음을 바꿈으로써 일어나는 '입심물항立心勿恒'의 결과를 경고했다.

남자는 여자하기 나름이란 말이 있듯이, 세상과 인생은 내가 마음먹기에 달려 있다. 항심恒心을 갖고 사회에서 번 돈을 사회로 돌려보내는 기업인의 행위는 칭찬받아 마땅하다. 어려웠을 때의 마음을 잊지 않고 어려운 사람을 돕는 용기야말로 "그래도 세상은 살아갈 만한 가치가 있다"는 감탄가 저절로 나오게 한다. 공자는 상효의 말씀에 감탄하여 「계사전」에서 되풀이한 바 있다.

공자가 말씀하시기를 "군자는 그 몸을 편안히 한 뒤에야 움직이며, 그 마음을 화평히 한 뒤에야 말하며, 그 사귐을 정한 뒤에야 구하나니 군자는 이 세 가지를 닦는 까닭에 온전한 것이다. 위태롭게 움직이면 곧 백성들이 더불지 않고, 두려움으로 말하면 곧 백성들이 응하지 않고, 사귐이 없으면서 구하면 백성들이 (마음을) 주지 않으니, 주는 이가 없으면 곧 상하게(해롭게) 하는 자가 이를 것이다. 역에 이르기를 '보태지 말라. 혹 공격할 것이니 마음을 세워 항상하지 못하니 흉하다'고 하였다."[62]

'보태주기는커녕 쪽박을 깨지 말라!'는 속담에 따르면, 보태주지 않으면서 상대방을 궁지에 몰아넣으면 누군가의 보복이 뒤따르게 마련이다. '보태지 말라[莫益之]'는 뜻은 한 곳으로 편벽되게 나아가는 까닭에 어느 누구도 돕지 않는다는 말이다. 위정자가 세금을 마구잡이로 거둬들이고 백성을 돌보지 않는 통치는 착취일 따름이다. 그리고 '혹시 친다는 말은 밖으로부터 오는 것을 가리킨다[或擊之, 自外來也]'는 내용은 폭정을 못이긴 백성들이 폭군을 갈아치울 수 있

---

62 「계사전」하편, 5장. "君子安其身而後에야 動하며 易其心而後에야 語하며 定其交而後에야 求하나니 君子脩此三者故로 全也하나니 危以動하면 則民不與코 懼以語하면 則民不應코 无交而求하면 則民不與也하나니 莫之與하면 則傷之者至矣나니 易曰莫益之라 或擊之리니 立心勿恒이니 凶이라 하니라"

다는 혁명을 뜻한다. 민심이 곧 천심이다. 민심을 어기는 것은 하늘의 뜻을 거슬리는 행위이다. 민심을 이반하는 위정자에게는 오금이 조리는 경고가 아닐 수 없다.

베트남 독립운동의 아버지인 호지명胡志明(1890~1969)은 부정부패를 척결하기 위해서 다산 정약용丁若鏞(1762~1836)의『목민심서牧民心書』를 평생 옆에 놓고 읽었을 뿐만 아니라 정약용의 제삿날을 기억하여 추모했다는 얘기는 하나의 전설로 남아 있다. 과거와 현재와 미래를 통틀어 관리와 지식인들의 영혼을 일깨우는 교훈이다. 그것은 백성을 하늘처럼 받들라는 평범한 말이었음을 상기하라!

호랑이와 홍수 무서운 줄만 알고 사람 무서운 줄 모르면 낭패보기 일쑤이다. 자연재해보다 더 무서운 것이 사람임을 동서양 혁명의 역사가 증명한다.『주역』은 법치法治보다는 인치人治, 인치보다는 덕치德治를 금과옥조로 여긴다. 유교가 중시여기는 인치와 덕치의 근거를『주역』은 효의 변화를 통해 조목조목 밝히고 있는 것이다. 익괘의 핵심을 정리하면, 스스로를 덜어내다보면 누군가 보태주고[自損必益], 자기 욕심만 채우려다보면 누군가에 의해 덜려지는[自益必損] 세상사의 양면성을 극명하게 설명하고 있다고 할 수 있다.

유불선을 종합했다고 평가되는『회남자淮南子』는 손괘와 익괘의 내용을 공자의 말로 인용하고 있다.

"대부분의 사람들은 '이익[利]'이 이롭고 병病은 해롭다고 아는데, 오직 성인만이 병이 이롭고, 이로움은 병이 되는 것을 안다. 무릇 두 번 열매 맺는 나무는 반드시 뿌리가 상하고, 무덤을 파헤쳐 매

장물을 꺼내는 집에는 반드시 재앙이 있다. 이는 큰 이익이 도리어 해가 된다는 것을 말한다. … 공자는 주역을 읽다가 손괘와 익괘에 이르러서 분연히 한탄하여 말하기를 '손익은 왕의 일인가?'라고 하였다. 일에는 혹 이롭고자 한 것이 해를 끼치는 결과가 되고, 혹 해를 끼치고자 한 것이 도리어 이롭게 한 결과가 되는 경우가 있다. 그래서 이해의 반전은 화를 불러들이고 복을 불러들이는 문호가 되니, 상세히 살피지 않을 수 없다."[63]

행운과 불행, 화와 복이 서로 기대어 인생의 쌍곡선을 형성하듯이, 손괘와 익괘는 시계의 톱니바퀴처럼 맞물려 돌아간다. 익괘는 이익과 손해는 반비례로 움직이다가 역전되고, 인생사는 정비례로 움직인다는 지혜를 알려주고 있다. 타인에게 은혜를 베풀면 언젠가는 남의 도움을 받는 경우가 있고, 타인에게 손해를 끼치면 언젠가는 반드시 자신에게 손해로 되돌아오는 이치를 일깨우고 있다.

> ☞ 손해와 이익은 시계의 톱니바퀴처럼 맞물려 돌아간다.

---

63 『회남자淮南子』 「인간훈人間訓」, "衆人皆知利利而病病也, 唯聖人知病之爲利, 知利之爲病也. 夫再實之木根必傷, 掘藏之家必有殃, 以言大利而反爲害也. … 孔子讀易至損益, 未嘗不憤然而歎, 曰損益者, 其王者之事與! 事或欲以利之, 適足以害之, 或欲害之, 乃反以利之. 利害之反, 禍福之門戶, 不可不察也."

11. 주역에서 정역으로

정역사상의 연구자 이상룡李象龍은 익괘의 성격을 다음과 같이 설명한다.

익 자 상 물 입 기 명　　올 연 고 대 야
益字는 象物入器皿하여 兀然高大也라

위 괘 진 주 기 이 익 하　　손 화 풍 이 조 내
爲卦震主器而益下하고 巽化風而助内하여

윤 익 만 물 지 의 야
潤益萬物之義也라

부 익 하 　 왕 자 혁 명 이 보 민 지 도
夫益下는 王者革命而保民之道니

고 차 괘 차 어 혁 야
故此卦次於革也라

"'익' 자는 하나의 물건이 그릇에 들어가 우뚝 높고 커지는 모습을 상형한 것이다. 괘의 구성은 우레는 만물의 그릇을 주관하여 아래에 도움을 주고, 손巽의 바람이 불어 안을 도와 만물을 윤택하게 하여 도움을 준다는 뜻이다. 대저 아래에 도움을 주는 것은 왕이 혁명하여 백성을 보호하는 도리이기 때문에 익괘가 혁괘 다음에 온 것이다.

단 왈 익 　 이 유 유 왕 　 이 섭 대 천
象曰 益은 利有攸往하며 利涉大川하나라는

운 주 이 수 퇴 야
運籌而水退也라

손 상 익 하 　 민 열 무 강 　 지 출 무 강 　 족 식 야
損上益下하니 民說无彊은 地出无彊하여 足食也라

* 단전-"가는 바를 둠이 이로우며, 큰 내를 건너는 것이 이롭다"

는 말은 오행의 운행으로 헤아리면[運籌] 물이 뒤로 물러나는 것을 뜻하며, "위를 덜어서 아래에 보탬이니 백성들이 기뻐함이 끝이 없다"는 것은 땅에서 나오는 먹거리가 끝이 없다는 뜻이다.

상 왈 군 자 이　　　　견 선 즉 천　　유 과 즉 개
象曰君子以하여 見善則遷하고 有過則改하나니라는

작 성 지 도 야
作聖之道也라

* 상전-"군자는 이를 본받아 선을 보면 옮기고 허물이 있으면 고친다"는 말은 성인이 되는 도리를 가리킨다.

초 구　　이 용 위 대 작　　육 사 이 지　　천 하 평 야
初九는 利用爲大作이니 六師移之하여 天下平也라

* 초효-"크게 일 벌이는 것이 이롭다"는 것은 여섯 명의 스승이 옮기자 천하가 태평해진다는 뜻이다.

육 이　　혹 익 지　십 붕 지　귀　불 극 위
六二는 或益之면 十朋之라 龜도 弗克違는

화 무 위 정 어 황 퇴 위 야
化无爲政於皇退位也요

왕 용 향 우 제　　　길
王用享于帝라도 吉하리하는

보 민 이 왕　　　가 이 사 상 제 야
保民而王이라야 可以事上帝也라

* 2효-"혹 보태면 열 명의 벗이다. 거북도 능히 어기지 않는다"라는 말은 무극으로 변화되는 정사가 이루어지면 황극이 자리를 물러난다는 뜻이다. "왕이 상제께 제사를 지내더라도 길할 것이다"는 말은 백성을 보호할 수 있는 왕이라야 상제를 섬길 수 있다는 뜻이다.

^{육 삼} ^{익 지 용 흉 사} ^{부 득 이 용 병 야}
六三은 益之用凶事에는 不得已用兵也요

^{고 공 용 규} ^{불 감 천 행 야}
告公用圭라는 不敢擅行也라

* 3효- "보탬을 흉한 일에 사용함"은 마지못해 군사를 일으킨다는 것이며, "공에게 보고하여 홀을 쓸 수 있을 것이다"라는 말은 감히 멋대로 행하지 못한다는 뜻이다.

^{육 사} ^{중 행} ^{고 공 종} ^{이 용 위 의} ^{천 국}
六四는 中行이면 告公從하리니 利用爲依며 遷國이니라는

^{득 전 정 벌} ^{혁 명 이 도 야}
得專征伐하여 革命移都也라

* 4효- "중도를 실행하면 왕공에게 보고해서 좇게 하리니(왕공이 허락하니), 의지하며 나라를 옮기는 것이 이롭다"는 말은 오로지 정벌만 하여 혁명을 일으켜 도읍을 옮기는 것을 가리킨다.

^{구 오} ^{혜 아 덕} ^{상 혜 하 하} ^{익 상 보 시 야}
九五는 惠我德하리라는 上惠下下하여 益上報施也라

* 5효- "내 덕을 은혜롭게 여길 것이다"라는 말은 위는 아래에 은혜를 베풀고 아래는 위에 보답하여 베푼다는 뜻이다.

^{상 구} ^{막 익 지} ^{혹 격 지} ^{구 리 미 득 야}
上九는 莫益之라 或擊之는 求利未得也라

* 상효- "보태는 사람이 없다. 혹시 공격한다"는 말은 이익을 찾으려 하나 소득이 없다는 뜻이다.

山雷頤卦

이괘의 위는 우뚝 솟아 있는 산[艮＝止]、아래는 우레가 사방을 향해 우렁차게 소리지르는[震＝動] 형국이다。멈춤과 움직임을 한마디로 압축하면 음양이다。고요하고 움직임에서 만물이 탄생하고 성장을 반복한다。생명체를 낳기만 하고 길러냄이 없다면 생명의 지속은 기대할 수 없다。길러냄이 있어야 생명의 지속이 가능하다。

Chapter 8

산뇌이괘山雷頤卦
평범 속의 진리, 생활의 지혜

1. 천지의 목적은 생명을 길러냄에 있다 : 이괘

정이천은 산천대축괘山天大畜卦(☶) 다음에 산뇌이괘(☶)가 오는 이유를 다음과 같이 말한다.

頤_는 序卦_에 物畜然後可養_{이라} 故受之以頤_{라 하니라}

夫物旣畜聚_면 則必有以養之_니

无養則不能存息_{이니} 頤所以次大畜也_라

卦上艮下震_{하여} 上下二陽爻_가 中含四陰_{하고}

上止而下動_{하여} 外實而中虛_{하니}

^{인 이 함 지 상 야}
人頤頷之象也_라

^{이   양 야   인 구   소 이 음 식   양 인 지 신}
頤_는 養也_니 人口_는 所以飮食_{하여} 養人之身_{이라}

^{고 명 위 이   성 인 설 괘}
故名爲頤_라 聖人設卦_{하여}

^{추 양 지 의 대 지 어 천 지 양 만 물}
推養之義大至於天地養萬物_{하고}

^{성 인 양 현 이 급 만 민}
聖人養賢以及萬民_{하며}

^{여 인 지 양 생 양 형 양 덕 양 인   개 이 양 지 도 야}
與人之養生養形養德養人_이 皆頤養之道也_라

^{동 식 절 선   이 양 생 야   음 식 의 복   이 양 형 야}
動息節宣_은 以養生也_요 飮食衣服_은 以養形也_요

^{위 의 행 의   이 양 덕 야   추 기 급 물   이 양 인 야}
威儀行義_는 以養德也_요 推己及物_은 以養人也_라

"이괘는 「서괘전」에 '사물이 모인 이후에 기를 수 있으므로 이괘로 받았다'고 하였다. 대저 사물이 이미 모이면 반드시 길러줌이 있어야 하니, 길러줌이 없으면 생존하고 번식할 수 없으니 이괘가 대축괘의 다음 차례가 된 것이다. 괘 형성이 위는 간이고 아래는 진이다. 위아래의 두 양효가 가운데에 네 음효를 머금고 있으며, 위로는 멈추고 아래는 움직여 밖은 충실하고 안은 비었으니 사람의 턱 모습이다. '이'는 기름이니 사람의 입은 마시고 먹어서 인체를 기르는 것이므로 '이'라 이름붙였던 것이다. 성인이 괘를 베풀어 기르는 뜻을 추구함에 크게는 천지가 만물을 양육하고, 성인이 현인을 길러 만민에 미치는 데까지 이르며, 이와 함께 사람이 생명을 기르고 형체를 기르고 덕을 기르고 다른 사람을 길러냄은 모두 턱이 기르는 도리이다. 움직이고 쉼을 절제하고 펼침은 생명을 기름이요, 음식과 의복은 형체를 기름이요, 위엄의 자세와 행동규범은 덕을 기름이요, 자신을 미루어 사물에게 미침은 사람을 길러주는 것이다.

이괘의 위는 간괘(☶)이고, 아래는 진괘(☳)이다. 양효는 마치 위턱과 아래턱의 모습과 유사하다. 신체의학적으로 위턱은 움직이지 않고 아래턱이 움직이면서 입안의 음식물을 씹는다. 위아래 턱 사이에 있는 네 개의 음효는 이빨의 형상이라 할 수 있다. 위턱은 부동不動, 아래턱은 운동[動]의 관계를 형용한다. 또한 위턱과 아래턱은 양陽이고 그 사이에 있는 네 개의 효는 음陰이다. 음양운동에 의해 자연과 인간과 문명이 성장하는 이치를 설명하는 것이 곧 이괘의 가르침이다.

이괘는 형이상학적 진리의 체계를 시각화하는visual view 장점을 극명하게 드러낸다. 위의 상효는 하늘, 아래의 초구는 땅을 표상한다. 그 안에 있는 음효들은 천지에서 이루어지는 갖가지 생명체들이다. 천지는 생명을 낳는 것을 목적으로 삼는다[生生之謂易, 天地之大德曰生]는 뜻이다. 천지의 분신인 인간 역시 천지와 똑같은 방식으로 생명활동하는 존재이다.

위턱과 아래턱[天地] 사이에 있는 텅 빈 공간은 이빨이 돋아난 입안에 해당된다. 여기에서 만물의 갖가지 생성이 이루어진다. 입은 몸을 유지하기 위한 에너지를 만들기 위해 음식물을 씹는 기능과 아울러 말하는 기능이 있다. 저작詛嚼활동과 언어활동이 입의 주요 기능이다. 전자는 육체의 영역, 후자는 정신영역이라 할 수 있다. 이는 심신이원론을 부추기는 논리가 아니라 심신일원론에 기초한 설명이다.

위에는 몸집을 맘껏 자랑하는 산이 바위처럼 우뚝 솟아 있고[艮 =

^지
止], 아래에서는 우레가 사방을 향해 우렁차게 소리 지른다[震 ^진 = 動 ^동]. 멈춤과 움직임을 한마디로 압축하면 음양이다. 고요하고 움직임에서 만물이 탄생하고 성장을 반복한다. 생명체를 낳기만 하고 길러냄이 없다면 생명의 지속은 기대할 수 없다. 길러냄이 있어야 생명의 지속이 가능한 것이다. 그래서 정이천은 이괘의 가르침을 '삶과 형체와 덕과 사람을 기르는 것[養生養形養德養人^{양 생 양 형 양 덕 양 인}]'으로 요약한 바 있다.

2. 이괘 : 천지는 올바름으로 만물을 기른다

★ 頤^이는 貞^정하면 吉^길하니 觀頤^{관 이}하며 自求口實^{자 구 구 실}이니라

이는 올바르면 길하니 길러냄의 이치를 깨달아 스스로 입의 실물 (먹이)을 구하는 것이다.

천지는 말없이 바쁘다. '일하는working(busying)' 천지의 존재이유는 생명을 길러내는 것[養^양]에 있다. 천지가 만물을 빚어내고 길러내는 목적과 내용은 무엇이며, 어떻게 무엇을 길러내는가를 주목해야 한다. 천지는 각각의 사물을 합당한 방식으로 길러낸다. 목적과 수단이 정당하다는 것이다. 따라서 인간의 먹는 행위 자체도 옳아야 하며, 인재 양성 역시 정당한 방법으로 수행되어야 한다고 가르친다. 먹음과 교육을 일관하는 가치는 바로 올바름[正^정]에 있는 것이다.

사람은 태어나면서부터 먹을 것을 가지고 나온다고 했다. 굶어죽지 않는다는 말이다. 주위는 온통 먹거리가 널려 있다. 날것을 먹던 인류는 불을 발견하여 익혀서 먹는 다양한 요리를 개발했다. 밥에는 물질

적인 밥과 정신적인 밥이 있다. 영양분을 섭취하는 신성한 밥과, 진리를 전달하는 언어는 입을 통해서만 가능하다. 인간은 이 두 가지를 겸비한 존엄한 존재이다.

음식을 골라 먹어야 소화에 부담이 없고 영양의 분배에 이상이 생기지 않는다. 노동은 신성하다. 하루 일하지 않으면 하루 먹지 말라는 격언이 있다. 먹거리는 스스로 구해야 한다. 병자를 제외한 모든 사람은 제구실[自求口實] 하면서 자력갱생해야 한다. 육체의 양식뿐만 아니라 정신의 양식을 풍부하게 하여 마음을 살찌우고 사회봉사에 눈을 돌려야 할 것이다.

흔히 기독교는 타력종교이고 불교는 자력종교라 한다. 기독교는 절대자인 하나님에 순종해야 구원받을 수 있기 때문에 개인의 의지는 그다지 중요하지 않다. 구원의 주체와 대상이 확연히 나뉜다. 하지만 불교는 스스로의 노력에 의해서 부처가 될 수 있다고 강조한다. 이 점에서 『주역』은 마음에서 모든 것을 찾는 불교의 가르침에 손을 들어준다.[64]

스스로 삶의 목표를 정하고 해탈에 나서야 한다. 『주역』은 성인이

---

64 마음찾기는 불교의 화두다. 한 제자가 혜가선사를 찾았다. 무릎을 꿇어 앉아 스승에게 도를 구했다. "번뇌를 싹둑 끊는 법을 가르쳐주십시오." "그 번뇌가 어디에 있다고 끊겠다는 것이냐?" "어디에 있는 지 전혀 모르겠습니다." "어디에 있는 조차 모른다면 허공과 똑같을진대 어떻게 끊어버리겠다는 것이냐! 네 집 앞에 큰 바위가 있다. 평소 너는 그 바위에 앉아 쉴 수 있었을 터이다. 만약 그 바위에 부처를 새겨넣거나 불상을 만들어 빌었다면 너는 어쩌겠느냐. 평소처럼 그 바위에서 편안히 쉴 수 없었을 것이다. 그 바위는 본래 돌일 따름이다. 네 마음이 바위를 경외하게 만든 것이다."

만들어낸 경전을 읽고 익히며, 성인의 가르침을 이 세상에 펼쳐야 한다고 가르친다.

☞ 이괘는 천지가 만물을 길러내는 과정을 시각화하여 인간 주체성의 확보를 촉구한다.

3. 단전 : 생명을 길러냄이 천지의 존재 이유

＊ 象曰頤貞吉은 養正則吉也니
단 왈 이 정 길　양 정 즉 길 야

觀頤는 觀其所養也요 自求口實은 觀其自養也라
관 이　관 기 소 양 야　자 구 구 실　관 기 자 양 야

天地養萬物하며 聖人이 養賢하여 以及萬民하나니
천 지 양 만 물　　성 인　양 현　　이 급 만 민

頤之時大矣哉라
이 지 시 대 의 재

단전에 이르기를 '이는 올바르면 길하다'는 것은 올바른 것을(올바르게) 기르면 길하니, '기름의 이치를 깨달음'은 그 길러지는 바를 깨닫는 것이요, '스스로 입의 실물을 구함'은 그 스스로 기르는 것을 깨달음이다. 천지가 만물을 기르며 성인이 현인을 길러서 만민에까지 미치니, 길러냄의 때(이괘에서 말하는 시간의 정신)가 위대하도다.

무엇을 먹고 어떻게 살아야 하는가? 진리와 정의를 먹고 살아야 사람다운 사람이 될 수 있다. 이괘는 진리와 정의의 근거를 천지에 둔다. 천지는 사랑으로 만물을 길러낸다. 만물 중에서 가장 영험한 존재는

인간이다. 인간 중에서 가장 위대한 존재는 성인이다. 성인은 현인(군자)을 길러내고, 군자는 다른 사람을 길러냄을 평생의 사명으로 삼는다.

천지가 만물을 빚고, 성인이 현자를 길러냄에는 일정한 원칙이 깃들어 있다. 천지는 '생장수장生長收藏'이라는 시간의 정신을 지키면서 만물을 길러내는 까닭에 만물은 각각의 존재의미를 누릴 수 있으며, 성인 역시 군자를 길러낼 적에 시간의 정신에 어긋나지 않게 양육한다. 이러한 혜택을 만민에게 베풀기 때문에 이괘는 시간의 본성과 그 위대함을 찬탄한다.

「단전」에는 이괘를 포함하여 시간 본성의 현묘함[時大矣哉]을 규정한 곳이 네 군데가 있다. 27번 째 산뇌이괘山雷頤卦(䷚), 28번 째 택풍대과괘澤風大過卦(䷛), 40번 째 뇌수해괘雷水解卦(䷧), 49번 째 택화혁괘澤火革卦(䷰)가 바로 그것이다. 그리고 시간 흐름의 목적성의 위대함[時義大矣哉]을 규정한 곳 또한 네 군데가 있다. 16번 째 뇌지예괘雷地豫卦(䷏), 33번 째 천산돈괘天山遯卦(䷠), 44번 째 천풍구괘天風姤卦(䷫), 56번 째 화산여괘火山旅卦(䷷)가 바로 그것이다. 전자는 하나의 특정한 괘가 지시하는 시간성 자체를 가리키고, 후자는 특정한 시간대에 펼쳐지는 시간의 의의를 가리키고 있다.

산뇌이괘(䷚)는 산(☶)과 우레(☳)로 구성되었다. 이를 선후천의 시각에서 보면, 문왕괘도의 '만물의 시초인 제가 동방 진에서 나온다[帝出乎震]'는 3진[三震]이 '하늘의 말씀이 간에서 이루어진다[成言乎艮]'는 8간[八艮]에 와서 그침을 뜻한다. 그것은 문왕괘의 끝이 바로 정역괘의 시작임을 시사한다. 또한 진震이 180도 전도되면 간艮이 된다. 정역팔괘도는 시간흐름의 극적인 전환에 의해 새로운 가치관과 문명이 수립되는 이유와 그 위대함을 숨기고 있는 것이다.

> ☞ 천지는 합당한 방식으로 만물을 빚어내므로 그 목적과 수단 역시 정당하다.

4. 상전 : 절제된 언행은 군자의 필수 덕목

$*$ 象曰 山下有雷頤니 君子以하여 愼言語하며
節飮食하나니라

상전에 이르기를 산 아래에 우레가 있음이 '이'니, 군자는 이를 본받아 언어를 삼가고 음식을 조절한다.

『주역』과 유교는 진리관과 가치관, 인식론과 수행론의 과제에 대해 동일한 길을 걷는다. 문화의식의 기반이 같다는 말이다. 「상전」은 진리와 언어와 음식을 언급한다. 이 세 문제에 대해서 『주역』은 철학적 담론을 전개하는 것이 아니라, 인간은 문화의 영웅으로 다시 태어나야 되는 당위성을 강조한다.

독일의 하이데거는 '언어란 존재의 집이다'라고 했다. 하지만 『주역』은 진리와 그 표현수단인 언어의 관계를 존재론과 인식론적의 문제로 환원시키지 않는다. 이괘는 부적절한 말의 남용으로 발생하는 폐단을 예방하기 위하여 언어사용의 신중성을 지적했던 것이다.

음식 역시 마찬가지다. 폭식은 소화불량을 낳고, 부패한 음식은 배탈을 가져 온다. 희귀 식품만을 찾는 편식도 좋지 않다. 그만큼 마시고 먹는 일에도 중용과 조화가 중요하다는 것이다. 금식이 아니라 욕구의 조절과 절제가 필요하다. 맹자와 동시대를 살았던 고자告子에 따르면, 인간은 맛난 음식과 성욕을 추구하는 존재다.[65] 맹자가 성선설性善說을 주장했다면, 고자는 인간본성에 대해 가치중립적인 태도를 견지했다. 고자는 기름지고 맛깔난 음식을 찾고, 예쁜 여자를 좋아하는 것은 인간의 본능이라 했다. 어쩔 수 없는 동물적인 본능에 대한 가치평가는 불가하다. 본능적 행위를 도덕적 잣대로 평가하는 것은 무의미하다는 것이다.

『주역』을 이해하는 황금율은 올바름[正], 적절함[中]과 시간의 정신에 알맞은 합당한 행위[中正]이다. 하나로 묶어서 얘기하면 중용과 조화의 정신을 마음 속에 새기고 현실에 구현하라는 것이다. 사람은 발로 걸어서 장소이동을 한다. 또한 입으로 먹어서 영양분을 보충하고, 의사소통을 한다. 입은 양면성을 갖는다. 언어를 어떻게 사용하느냐에 따라 칼이 될 수도 있고, 보물이 될 수도 있는 것이다.

일부 서양인의 구강관은 지독히 부정적이고 비관적이다. "입이란 이빨에게는 일종의 악이다. 구강은 치아에게 안전한 피난처 같은 곳이 아니라 일종의 고문실이자 싸움터요, 또 페스트균이 창궐하는 구

---

65 『孟子』「告子」상, "生之謂性이니라… 食色이 性也니 仁은 內也라 非外也오 義는 外也라 非內也니라"

덩이 같은 곳, 한마디로 지옥이다. 이빨은 치석에 자리잡고 있는 불량배들에게 끊임없이 위협을 받는다. 연쇄상구균들은 시멘트라도 배겨 나지 못할 독한 산을 이빨의 목부분인 치경齒頸에 뿌려댄다. 그렇게 해서 생긴 구멍은 급속하게 커져서 결국은 온통 균들이 벌이는 축제의 장소로 변한다. 여기에 매일같이 치약의 도움을 받게 되면 화학전이 치러지는 셈이어서 그 골목에선 치열한 살육전이 벌어지고, 곧이어 이빨에게는 혈액과 침을 통한 무기물질의 공급이 다시 원활하게 이루어진다. 결국 이빨은 하나하나 상하게 되고 또 광란의 축제라도 벌이는 듯한 미생물의 활동을 거치면서 사라지게 되어 마침내 단 한 개의 어금니만 마치 전쟁터에 우뚝 세워진 탑처럼 솟아 있게 되고 만다. 자연은 사람이 죽어서 어차피 더 이상 이빨이 필요 없게 되는 바로 그때에 이빨을 잃어버리게 되어 있다는 말이다."[66]

동물의 왕, 사자는 배부르면 더 이상 먹지 않기 때문에 소화불량에 걸린 적이 없다고 한다. 이 세상에서 소화제를 삼키면서까지 맛있는 음식을 마구 먹는 존재는 인간뿐이다. 지나친 식욕은 과식을 부르고, 지나친 말은 언어 폭력을 초래한다. 금식 자체는 생명원리에 위배된다. 음식에 대한 절제가 바로 생명에 대한 외경심의 표출이다. 이괘는 음식조심과 말조심을 가르친다. 인간은 빵만으로 못 산다. 오히려 정신이 인간의 존엄성을 지탱하는 본질적 요소로 작용한다는 것이다.

동양인들은 입공부의 중요성을 다각도로 강조하였다. 입은 밥먹고, 말하고, 진리를 전달하고, 생사를 결정하는 등의 순기능과 역기능을

---

66 미다스 데커스/오윤희·정재경, 『시간의 이빨』(서울: 영림카디널, 2005), 225-226쪽.

담당한다. 입은 음식이 들어가고 말이 나오는 출입구다. 출입구는 항상 깨끗해야 한다. 드나드는 출입구를 어떻게 이용하느냐는 순전히 사용자의 몫이다. 말에 의한 영광과 재앙은 입 쓰기에 달린 것이다.

공자 역시 「계사전」상편 8장 풍택중부괘風澤中孚卦 2효에 대한 풀이에서 "언행은 군자의 지도리와 기틀이니 지도리와 기틀의 시작이 영예와 치욕의 주인공이 되느니라. 언행은 군자가 천지를 움직이는 바이니 가히 삼가지 아니하랴![言行, 君子之樞機, 樞機之發, 榮辱之主也. 言行, 君子之所以動天地也, 可不愼乎]"고 했다.『주역』은 단연코 침묵이나 복지부동을 강요하지 않는다. 언어와 행위는 영예와 치욕의 시발점이자 천지와 하나되는 열쇠이기 때문에 절제된 언행은 군자의 필수 덕목이다.

☞ 진리에 대한 정제된 언어 사용을 통해 인간은 문화영웅으로 태어날 수 있다.

---

5. 초효 : 욕망의 껍질을 벗어 던져라

* 初九는 舍爾靈龜하고 觀我하여 朶頤니 凶하니라

象曰觀我朶頤하니 亦不足貴也로다

초구는 너의 거북의 신령함을 버리고 나를 보고 입을 벌리니 흉하다. 상전에 이르기를 '나를 보고서 입을 벌리니' 역시 귀한 것이 부족하다.

초구는 양이 양자리에 있으나[正], 하괘의 첫머리에 있고[不中], 4효
와 잘 부응한다. 이괘의 초구와 상구는 양효로서 나머지 음효를 먹여
살려야 하는 막중한 책임이 있다. 하지만 초구는 자신의 능력은 내팽
개치고 외부의 4효에 입맛을 돋구는 형상이다.

우리는 4효가 나를 보고서 입을 벌리는 모습[觀我, 朶頤]에서 이솝
우화에 나오는 교훈을 배울 수 있다. 남의 떡이 커보인다고 내 떡을 버
리는 어리석음을 저질러서는 안 된다. 내가 보물인줄 모르고 나 밖에
서 보물을 찾아 헤매는 꼴이다. 꺼질 줄 모르는 욕심이 아닐 수 없다.

불교에는 '나를 찾아 떠나는 여행'이라는 제목의 심우도尋牛圖(＝
十·牛圖)가 있다. 진리를 찾아 밖으로 나섰다가 결국에는 자신의 내
면으로 돌아오는 열 단계를 통해 불교의 진리관을 드러내고 있다. 소
를 찾아 나서다[尋牛] → 소의 자취를 발견하다[見跡] → 소를 보다
[見牛] → 소를 얻다[得牛] → 소를 기르다[牧牛] → 소를 타고 집에
돌아오다[騎牛歸家] → 집에 도착해서는 소을 잊다[到家忘牛] → 사
람도 소도 모두 잊다[人牛俱忘] → 근원으로 돌아가다[返本還源] →
저자거리에 들어가 손을 드리우다[入鄽垂手]. 심우도는 참된 자아가
자기실현을 위해 고뇌하는 과정을 소의 모습으로 표현하고 있는 것
이다. 자기를 버리고 바깥으로 한 바퀴 돌고 보니까 결국은 자신에게
로 돌아온다는 불교의 진리관을 엿볼 수 있는 대목이다. 인간의 내면
은 진리의 창고이자 영성의 자궁인 동시에 사유의 발전소인 셈이다.

동양에서는 일찍부터 거북을 장생불사의 표본으로 인식했다. 거북
은 아무 것도 먹지 않고도 1년을 지낸다고 한다. 옛날에 어떤 사람이

널찍한 거북이 등껍질을 식탁으로 삼을 만 하다고 생각하여 집안에 들여놓았다. 10년이 지나 이제는 죽었겠지 하고 다리를 만지니까 거북이가 살아서 움직이더라는 얘기가 있다. 거북은 장수를 상징하는 신성한 동물이다. 거북의 등껍질에는 하늘의 섭리를 들여다볼 수 있는 숫자가 새겨져 있다. 동양에서는 그 숫자체계를 우주의 암호라고 간주하여 상수론의 실마리로 삼는 전문적인 주역학파가 생겼다. 이것이 바로 하도의 짝인 낙서이다. 낙서는 동양적 세계관을 반영한다. 또한 낙서의 도상은 인간 실존성을 그린 '만다라'였다.

초효에는 진정으로 귀중한 것이 무엇인가를 깨우치는 물음이 담겨 있다. 바깥의 화려한 대상에 영혼을 빼앗기지 말라는 깨우침이다. 영원한 세계질서는 내 안에 본래 내재되어 있기 때문에 하찮은 물질의 노예가 되어서는 안 된다. '나'로부터 진리를 파지하여 깊이 잠들어 있는 본성을 일깨워 빛나는 보석으로 가꾸어야 한다. 무턱대고 남의 것을 모방하거나 흉내내는 버릇에서 벗어나야 한다. 이런 연유에서 유교의 학문관은 자신에서 출발하여 타인에게 미치는 '수기치인修己治人'을 요체로 삼았던 것이다.

> ☞ 물질의 유혹에 영혼을 빼앗기지 말고, 내면에서 나의 보물을 찾아야 군자의 요건을 갖출 수 있다.

6. 2효 : 눈치 살피면서 살길 찾는 모습은 궁색하다

* 六二_는 顚頤_라
육 이   전 이

拂經_{이니} 于丘_에 頤_{하여} 征_{하면} 凶_{하리라}
불 경   우 구   이   정   흉

象曰 六二征凶_은 行_이 失類也_라
상 왈 육 이 정 흉   행   실 류 야

육이는 거꾸로 길러냄이다. 법도를 거스르니 언덕에 길러줌을 구
해서 가면 흉할 것이다. 상전에 이르기를 '육이의 가서 흉함'은 실
행하는 것이 동류를 잃음이다.

2효는 음이 음자리에 있고[正], 하괘의 중심[中]에 있어 매우 이상적
이다. 하지만 음식과 인재양성의 도리에는 어긋난다. 왜냐하면 위에서
아래의 초구에게 고개를 숙이고 먹이를 얻으려는 태도이기 때문이다.
이에 자존심이 상한 2효는 다시 맨 위의 상효에게 기웃거린다. 상하의
눈치를 살피면서 살길을 찾는 궁색하다는 뜻이다. 원칙을 어기면서 소
득을 얻으려는 것은 온갖 불법과 부조리를 낳는 원흉이다. 한 번 무너
진 기강은 바로세우기가 쉽지 않다. 무너지기 전에 자신의 위상을 가
다듬는 정신이 아쉽다. 그렇다고 거지에게 동냥해야 함에도 불구하고
오히려 거지의 것을 빼앗으려는 것은 추악한 근성이다.

단재 신채호선생은 일제에 나라를 빼앗기자 중국으로 망명했다. 선
생은 아침에 일어나 세수할 때, 고개를 숙이지 않고 얼굴을 씻으려다
옷을 적셨다고 한다. 나라를 팔아 부귀영화를 누리는 매국노들의 행
태에 구역질을 느낀 나머지, 춥고 배고픈 역경 속에서도 지조와 절개

와 자존심을 지킨 존경할 만한 몸부림이었다. 독립군은 재산을 팔아 만주로 떠났고, 매국노는 민족을 팔아 배불렸다.

2효의 동료는 음인 3, 4, 5효다. 동료들과 더불어 평생 슬픔과 기쁨을 나눠야 함에도 바깥으로 눈을 돌리고 있다. 동료들의 곱지 않은 시선은 아랑곳하지 않고 이익을 쫓아 초효나 상효에게 추파를 던진다. 동료들의 신임을 잃었기 때문에 흉할 수밖에 없다. 안에서 권위를 잃으면 바깥으로는 더욱 조롱거리가 되기 마련이다.

> ☞ 엄동설한에 피는 매화처럼 역경 속에서 지조와 절개 지키는 아름다움이 돋보인다!

7. 3효 : 수기修己에 집중하라

★ 六三은 拂頤貞이라 凶하여 十年勿用이라
(육삼) (불이정)   (흉)   (십년물용)

无攸利하니라
(무유리)

象曰 十年勿用은 道大悖也라
(상왈)(십년물용) (도대패야)

육삼은 길러냄에 올바름을 거스름이다. 흉하여 10년을 쓰지 말라. 이로운 바가 없다. 상전에 이르기를 '10년을 쓰지 말라'는 것은 도가 크게 패함이다.

3효는 음이 양자리에 있고[不正], 하괘의 끝에 있으므로[不中], 2효보다도 상황이 좋지 않다. 하지만 상효와 상응하는 까닭에 도움을 받을 수 있다. 여기에는 조건이 있다. 스스로의 힘을 길러야 하는 것이다. 3효는 음양짝인 상효의 원조를 믿고 경거망동을 일삼기 때문에 10년이라는 고통의 기간이 필요하다.

'불拂'은 먼지를 털어낸다는 뜻이다. 3효는 자신을 닦는데, 타인의 힘을 빌리려 한다. 첫 단추가 잘못 꿰지면 옷 스타일을 망친다. 제살 깎기로 인해 묵은 정신이 몸집보다 더 커졌다. 목표를 상실함으로써 제자리로 돌아오기에는 너무 늦었다. 오랜 세월의 자기정화가 있어야 한다. 한 번 망가진 생태계가 회복되기 위해서는 수많은 시간이 걸린다고 한다. 애당초 자연을 오염시키지 않으면 자연은 인간에게 아무런 이유 없이 재앙을 내리지 않는다. 인간이야말로 자연의 가장 큰 재앙이란 말은 매우 설득력 있는 말이 아닐 수 없다.

2효는 신령한 거북이를 상징하는 '낙서'가 언급되어 있으며, 3효의 '10'에서는 하도를 추론할 수 있다.[67] 낙서는 9수, 하도는 10수로 구성되어 각각 선천과 후천을 상징한다. 낙서는 상극의 세상, 하도는 상생의 세상을 뜻한다. 상극과 상생으로 돌아가는 거대한 시간을 소강절은 129,600년으로 규정했다. 그는 선후천의 시간표를 작성하여 우주 시간대의 메커니즘을 밝혔다. 10은 1에서 시작한 수가 매듭지어지는 최종의 단계를 뜻한다.

전세계의 신화와 종교에서는 완성과 확대된 힘과 새로운 시작의 상징으로 데카드가 사용된 예가 풍부하다. 10의 출현은 종종 여행과 완결과 정화를 위한 아홉 겹의 경험 뒤에 근원으로 돌아가는 전체의 반

---

67 물론 후대에 논의된 하도낙서와는 연관이 없다는 비판이 나올 수도 있다.

복을 나타낸다. 10은 그 속에 수들의 두 부모(1과 2)와 그 일곱 자식(3에서 9까지)을 포함하고 있다. 모든 수들의 성질을 나타내는 10은 수 자체의 문턱을 넘어서서, 각 부분들을 합한 것보다 더 큰 공동 상승 작용synergy을 묘사한다. 10의 성질을 이해하는 것은 곧 모든 것을 아는 것과 같다. 데카드는 모나드에서 엔네아드에 이르기까지 모든 원형들을 담고 있는 창조과정의 패러다임이다. 10의 숫자의 근은 1이다. 즉 10 = 1+0 = 1. 따라서 데카드는 1로 다시 흘러가 새로운 모나드가 탄생한다. 피타고라스 학파는 10을 "하나가 펼쳐지는 더 높은 1unity이라고 불렀다." 에드먼드 윌러는 "새로운 세계의 입구에서 구세계를 떠날 때, 그들은 두 세계를 동시에 보았다"고 했으며, 필롤라오스는 "수의 행동과 본질은 10의 개념에 담겨 있는 힘으로 측정해야만 한다. 왜냐하면 이것(힘)은 매우 크고, 모든 것을 포용하고, 모든 것을 이루고, 인간의 삶뿐만 아니라 신과 하늘의 삶의 근본이자 안내자이기 때문이다"라고 하였다.[68]

☞ 경거망동은 일을 망치는 지름길이다.

---

68 마이클 슈나이더/이충호, 『자연, 예술, 과학의 수학적 원형』(서울: 경문사, 2002), 324-329쪽

8. 4효 : 현자에게 정도를 물어 스스로를 단련하라

* 六四는 顚頤나 吉하니
육사 전 이 길

虎視耽耽하며 其欲逐逐하면 无咎리라
호 시 탐 탐   기 욕 축 축   무 구

象曰 顚頤之吉은 上施光也일새라
상 왈 전 이 지 길   상 시 광 야

육사는 거꾸로 길러냄이나 길하니 호랑이가 노려보듯이 하며, 쫓고 쫓고자 하면 허물이 없을 것이다. 상전에 이르기를 '거꾸로 길러냄이 길함'은 위에서 베푸는 것이 빛나기 때문이다.

4효는 음이 음자리에 있으나[正], 상괘의 첫머리를 장식한다[不中]. 2효와 똑같이 '거꾸러져 길러냄[顚頤]'이 등장하지만 상황이 바뀌었다. 2효에서는 나쁜 의미로 사용되었으나, 4효에서는 좋은 의미로 사용되었기 때문이다. 2효가 초효에게 구걸하는 모습이라면, 4효는 초효와 상응하여 아래의 도움으로 위기를 벗어나는 형상이다.

문왕괘도와 정역괘도에는 간艮이 각각 동북방과 동방에 배열되어 있다. 동방은 지지로는 '인寅'이기 때문에 4효에 호랑이가 나오는 것이다. 호랑이는 먹잇감이 나타나면 눈이 뚫어지라고 본다. 먹잇감이 여럿이더라도 한 눈을 팔지 않고 하나만을 응시하다가 기회를 엿보아 낚아챈다. 지도층은 호랑이가 먹잇감을 노리듯이 백성들이 잘 사는 방안을 고려하면서 호시탐탐 살핀다. 하층민들의 애환을 하나도 빠짐없이 들여다보아야 한다. 4효는 초구의 움직임을 빠짐없이 살펴 그들의 도움을 얻을 수 있다.

호랑이는 위엄을 상징하는 백수의 왕이다. 호랑이는 동물에게 함부로 상채기를 내지 않는다. 단 하나의 사냥감에 만족한다. 여러 먹잇감에 욕심을 버리면[其欲逐逐 기욕축축] 허물이 없다. 그래서 위엄과 권위를 잃은 적이 없다. 4효는 나라와 백성에 대한 위정자의 사랑을 가르치고 있다. 길러냄[養 양]은 윗사람이 아랫사람에게 베푸는 것이 원칙이기 때문이다.

> ☞ 진정한 리더쉽은 백성을 보호하여 길러내는 것에 있다.

9. 5효 : 천지의 도리에 순응하는 삶이 군자의 길

★ 六五는 拂經이나 居貞하면 吉하려니와
(육오) (불경) (거정) (길)

不可涉大川이니라
(불가섭대천)

象曰 居貞之吉은 順以從上也일새라
(상왈) (거정지길) (순이종상야)

육오는 법도를 거슬리나 올바른 곳에 거처하면 길하려니와 큰 내를 건널 수 없다. 상전에 이르기를 '올바른 곳에 거처하면 길함'은 순응의 법도로 위를 좇기 때문이다.

5효는 음이 양자리에 있으나[不正 부정], 상괘의 중앙[中 중]에 있다. 5효 자체는 하나의 괘에서 가장 중추적인 위상을 갖는다. 하지만 2효와 상응관계를 이루지 못하는데다가, 자체의 힘도 모자라기 때문에 상효에게 의지하려는 속셈이다. 법도에 어긋나지만 올바름을 지킨다면 길하다. 그렇다고 큰일을 벌여서는 안 된다.

　5효는 너무 부드러운 음이기 때문에 재능이 부족하다. 산뇌이괘의 주효인 상효의 지도를 받아야만 난국을 돌파할 수 있는 지혜가 생긴다. 다른 이의 지도나 도움을 받는 것 자체가 5효의 도리에 어긋난다. 자질이 부족한 5효는 상효의 가르침으로 올바른 도리를 지키면 길하다. 인생을 거스르는 태도는 고난으로 나아가는 지름길이고, 순응하는 삶은 자연의 도리와 부합한다고 『주역』은 가르친다.

☞ 천지를 거슬리는 삶에는 고난이, 정도를 걷는 삶에는 행복이 기다리고 있다.

---

10. 상효 : 시간의 강[大川]을 건너는 지혜

★ 上九는 由頤니 厲하면 吉하니 利涉大川하니라
상구 유이 려 길 이섭대천

象曰 由頤厲吉은 大有慶也라
상왈 유이려길 대유경야

　상구는 스스로 길러감이니 위태롭게 여기면 길하므로 큰 내를 건넘이 이롭다. 상전에 이르기를 '스스로 길러감이니 위태롭게 여기면 길하다'는 것은 큰 경사가 있다.

　상효는 산뇌이괘의 주효로서 나머지 효들의 모태이다. 사람을 길러내는 주체라는 말이다. 어린 생명체의 삶을 거머쥔 모체는 스스로를 조심조심한다. 두 사람의 생명이 달려 있기 때문이다. 군자는 뽐내지 않는다. 가슴에 꽃을 달고 자랑하지 않는다. 오히려 잘못은 없는지 스스로를 돌이킨다. 무엇이 모자라고, 어떻게 보충해야 하는지를 걱정한다. 그러면 보이지 않는 힘이 생겨 어떤 일이든 거뜬히 감당할 수 있다.

> ☞ 군자는 가슴에 꽃을 달고 자랑하지 않는다.

11. 주역에서 정역으로

정역사상의 연구자 이상룡李象龍은 이괘의 성격을 다음과 같이 설명한다.

이 자 상 혈 하 유 구　허 이 수 물 야
頤字는象頁下有口니虛而受物也라

위 괘 상 지 하 동　즉 범 천 하 지 사 물
爲卦上止下動하니則凡天下之事物이

각 지 기 소 당 지
各止其所當止하고

이 동 작 운 위 실 부　구 식 지 정 도 야
而動作云爲實副는求食之正道也라

차 서 지 이 이 영 지 연 상 지 저
且噬之以頤瓔之然象之著이니

고 차 괘 차 어 서 합 야
故此卦次於噬嗑也라

"'이' 자는 머리, 목덜미 혈頁 아래에 입 구口가 있는 모습으로 비어 있기 때문에 물건을 받아들일 수 있는 것을 형상한 글자다. 괘의 구성은 위는 멈추어 있고 아래는 움직이므로 천하의 사물은 모두 마땅히 멈춰야 할 곳에 멈추고, 움직여서는 실질적 존재나 부차적 존재가 되는 것은 먹거리를 구하는 올바른 이치이다. 썹어서 기르는 것은 이법 자체이며 형상이 드러나는 것인 까닭에 이괘가 서합괘 다음이 된 것이다.

단 왈 이 정 길 관 이 자 구 구 실
象曰 頤는 貞하면**吉**하니**觀頤**하며**自求口實**이니라는

천 생 만 물 각 유 양 정 야
天生万物이**各有養正也**라

* 단전-"올바르면 길하니 길러냄의 이치를 깨달아 스스로 입의 실물(먹이)을 구하는 것이다"라는 말은 하늘이 만물을 낳을 때는 각각 올바르게 길러지도록 하였다는 뜻이다.

상 왈 군 자 이 신 언 어 절 음 식
象曰 君子以하여**愼言語**하며**節飮食**하나니라는

동 지 유 절 야
動止有節也라

* 상전-"군자는 이를 본받아 언어를 삼가고 음식을 조절한다"는 것은 움직이고 멈춤에 절도가 있다는 뜻이다.

초 구 사 이 영 귀 관 아 타 이
初九는 舍爾靈龜하고**觀我**하여**朶頤**는

비 무 예 지 이 닉 어 구 식 야
匪无藝智하여**而溺於求食也**라

* 초효-"너의 거북의 신령함을 버리고 나를 보고 입을 벌린다"는 것은 기예와 꾀가 아님이 없이 먹거리 찾는 것에 빠진 것을 형용한다.

육 이 전 이 불 경 우 구 이 정 흉
六二는 顚頤라**拂經**이니**于丘**에**頤**하여**征**하면**凶**하리라는

^정^정^자^수   ^가^이^추^길^야
貞正自守하여**可以趨吉也**라

* 2효- "거꾸로 길러냄이다. 법도를 거스르니 언덕에 길러줌을 구
해서 가면 흉할 것이다"라는 것은 곧고 올바름으로 자신을 지키
므로 길吉에 도달할 수 있다.

^육^삼 ^불^이^정   ^흉   ^시^석^망^창^야
六三은**拂頤貞**이라**凶**함은**始汐滂蒼也**요
^십^년^물^용   ^무^유^리
十年勿用이라**无攸利**하니라는

^기^내^경^식 ^불^리^우^과^거^회^야
紀乃耕食은**不利于過去會也**라

* 3효- "길러냄에 올바름을 거스름이다. 흉하다"라는 것은 최초의
밀물에 물이 질펀하게 넓고 넓은 모양이다. "10년을 쓰지 말라.
이로운 바가 없다"는 말은 벼리를 잡아 먹거리를 경작하는 것은
과거의 시간대에 불리하다는 뜻이다.

^육^사 ^전^이 ^길   ^호^시^탐^탐   ^기^욕^축^축
六四는**顚頤**나**吉**하니**虎視耽耽**하며**其欲逐逐**함은

^양^위^여^호 ^기^욕^무^량^야
養威如虎가**其欲无量也**라

* 4효- "거꾸로 길러냄이나 길하니 호랑이가 노려보듯이 하며, 쫓
고 쫓고자 하면"이란 말은 위엄 기르는 것이 마치 호랑이의 끝없
는 욕심과 같음을 뜻한다.

^육^오 ^불^경   ^거^정   ^길   ^불^가^섭^대^천
六五는**拂經**이나**居貞**하면**吉**하려니와**不可涉大川**이니라는

^수^문^중^벽   ^예^비^평^험^야
守文中辟이**睿非平險也**라

* 5효-"법도를 거슬리나 올바른 곳에 거처하면 길하려니와 큰 내를 건널 수 없다"는 것은 색깔 지키고 허물을 치우치지 않도록 하는 것이 깊고 밝아 위험한 것만은 아니다.

상 구   유 이   려   길   이 지 재 토 이 시 벽 야
上九는 由頤니 厲하면 吉함은 頤之在土而始闢也요

이 섭 대 천   제 세 이 안 민 야
利涉大川하니라는 濟世而安民也라

* 상효-"스스로 길러감이니 위태롭게 여기면 길하다"는 것은 토土에서 길러내는 것이 곧 최초의 열림이라는 뜻이다. "큰 내를 건넘이 이롭다"는 말은 세상을 구제하여 백성을 편안하게 한다는 뜻이다.

찾아보기

ㄱ

감괘 94, 95, 96, 97, 104

강희제 25

건괘 70, 71, 72, 127

겸괘 47, 123

겸손 37, 38

곤괘 103

곤도 99

곧음 48, 49

공자 50, 82, 83, 87, 171, 181, 183, 198

구괘 47

군대 45

군율 53

군자 61, 65

군주 59, 61

규괘 127

그레이엄 117

극즉반 97

김병연 17

김삿갓 18

김일부 101, 146

김홍호 140

ㄴ

낙서 74, 117, 174, 200, 203

뇌지예괘 47

ㄷ

다산 50

당태종 63

대동사회 48

대유괘 47, 100

대인 49, 100

대축괘 188

덕치 55

도가 63

도덕 77

동곽번간 62

동인괘 47, 100

ㄹ

류영모 146

리괘 47, 94, 96, 98, 100, 107, 108, 114, 115, 116, 118, 121, 133

ㅁ

마음학 48

맹난자 20

맹자 48, 50, 61, 196

목민 50

문왕 154

문왕괘도 194, 205

문왕팔괘도 73, 147

물극필반 15

ㅂ

바쇼 20

박괘 47

박지원 16

법가 63

병가 63

복괘 47

복희팔괘도 147

부정 59

부중부정 54

비괘 47, 162, 165

빈우 97, 98

ㅅ

사괘 44, 45, 46, 47, 48, 51

산지박괘 47

상수론 103

상제 175, 185

서괘전 45, 95

선천 98, 104

선후천 98, 103, 194, 203

선후천론 95

선후천변화 104

성선설 50

소인 60, 61

소축괘 47, 114

손괘 160, 162, 163, 169, 174, 182, 183

송괘 44

수괘 138, 139, 140, 143, 144, 147

수지비괘 47

시간 23, 58, 141, 143, 146, 147, 148, 152, 167, 168, 194, 207

신채호 201

신화 51

십미토 99

ㅇ

안민 50

양력 100

양혜왕 50

여괘 14, 15, 19, 23, 24, 35

여민동락 50

역도수 97

열하일기 16

예괘 47, 138

왕도 61, 63

윤역 100, 101, 104

음력 100

음양가 63

이괘 94, 95, 97, 104, 188, 189,
    190, 193, 194, 195, 207

이상룡 38, 63, 88, 109, 134, 155,
    184, 208

이세민 63

이정호 35, 36

익괘 160, 161, 162, 163, 165, 166,
    167, 168, 170, 174, 182,
    183

일측지리 103, 104

ㅈ

장인 49

장자 59

정도 48, 49, 57

정약용 182

정역 100, 101, 104

정역괘도 205

정역사상 106

정역팔괘도 195

정음정양 95, 98, 99

정의 49

정이천 14, 32, 56, 58, 94, 121,
    138, 145, 155, 160, 188

제갈량 54

제자 59

조너선 스펜스 26

조양율음 95, 101

조지프 켐벨 51, 121, 123, 133

조화 99

종교 51

종말론 96

종횡가 63

주역 48

주자 32, 106, 142, 155

중도 33, 59, 66, 80, 84, 99, 107,
    177

중부괘 166, 167

중용 21, 26, 28, 29, 30, 31, 32, 34,
    55, 56, 58, 59, 129, 175,
    176

중정 22, 28, 39, 63, 99, 130, 152,
    153, 165, 175, 179, 180,
    196

중정지도 63

지뢰복괘 47

지산겸괘 47

지수사괘 44, 46, 47

진묵대사 17

진시황 61

ㅊ

천도 95
천명 34
천지 191
천택리괘 47
천풍구괘 47
천화동인괘 47, 100
축 98
축판 97, 99
축회 110
출사표 54
친정 109

ㅋ

캘린더 97, 101
켐벨 51
쾌괘 47

ㅌ

태괘 162
택천쾌괘 47

ㅍ

패도 61, 63

풍괘 14, 15
풍천소축괘 47

ㅎ

하도 74, 174, 203
하이데거 195
해괘 70, 71, 72, 76, 79, 87
호지명 182
화천대유괘 47, 100
환괘 166, 167
황중통리 103
회남자 182
후천 98, 104